Ralph Metzner

AF142139

Handbuch für nachhaltige Erfahrungen mit Entheogenen

Ralph Metzner

Handbuch für nachhaltige Erfahrungen mit Entheogenen

Impressum

Verlegt durch:

NACHTSCHATTEN VERLAG AG
Kronengasse 11 • CH-4500 Solothurn
Tel: 00 41/32/621 89 49 • Fax: 00 41/32/621 89 47
info@nachtschatten.ch • www.nachtschattenverlag.ch

Cover-Foto: Alchemistisches Emblem (aus *Atalanta Fugiens*, 1618), entziffert als Praxis der *purificatio*. Aus: *Welten des Bewusstseins – Welten der Wirklichkeit* von Ralph Metzner (2015, S. 90)

Übersetzung: Ose Hein, Solothurn
Lektorat: Nina Seiler, Zürich
Layout: Elena Maria Bloch, Solothurn

Printed in EU
ISBN 978-3-03788-384-6

Titel der amerikanischen Originalausgabe: *Allies for Awakening*, Regent Press

Inhaltsverzeichnis

In dieser Zeit der Erneuerung des Lebens auf der Erde werden neue Formen, neues Leben und neue Stämme ins Leben gerufen. Wir, die wir jetzt hier sind, sind eingeladen, der Mitte näher zu kommen und zu schauen, was dort geschieht. Wir sind dazu eingeladen, dem Herzen näher zu kommen, wo vielfarbige Samen des Lebens keimen und strahlende Formen auf einen Weg warten, ihre physische Existenz zu manifestieren.

Arkan Lushwala
The Time of the Black Jaguar

Einleitung

Die Drogen und Pflanzen aus der Klasse der bewusstseinsverändernden oder bewusstseinserweiternden Substanzen, die für ihre tiefgreifende Wirkung auf die Sprachzentren des Gehirns bekannt sind, haben auch zu einer eigenartigen terminologischen Debatte unter den Forschern geführt. Es scheint keine Einigkeit darüber zu bestehen, wie sie genannt werden sollen. Die klassische Triade aus LSD, Meskalin und Psilocybin wurde *psychotomimetisch* genannt („Psychose nachahmend", obwohl sie dies nicht tun, nur manchmal), *halluzinogen* („Halluzinationen auslösend", obwohl sie dies nicht tun, nur manchmal), *psychodysleptisch* („schmerzliche Erfahrung produzierend", obwohl sie dies nicht tun, nur manchmal), *psychedelisch*, „Bewusstsein manifestierend", obwohl sie dies nicht tun, nur manchmal) und *entheogen* („mit der inneren Göttlichkeit verbindend", obwohl sie dies nicht tun, nur manchmal).

Die Forschung mit psychedelischen Drogen, die während der Sechzigerjahre von einer Harvard-Gruppe um Timothy Leary und von anderen in weiteren Forschungszentren betrieben wurde, führte zu der Hypothese – welche inzwischen von Medizinern und Wissenschaftlern in diesem Bereich breit akzeptiert ist –, dass diese Stoffe als *nicht-spezifische Bewusstseins-Verstärker* angesehen werden sollten. Anders als bei allen anderen Drogen, welche die Stimmung oder das Bewusstsein beeinflussen, einschließlich der Stimulanzien, Antidepressiva, Beruhigungsmittel und Opiate, kann man den eigentlichen Inhalt einer psychedelischen Erfahrung nur verstehen und/oder erklären, indem man *Set* (Vorhaben, Absicht, Haltung) und *Setting* (Rahmenbedingungen, Kontext, Anwesenheit von anderen, wie Freunden, Leitern oder Therapeuten) einbezieht. Die aktuelle Droge (unabhängig davon, ob es sich um eine chemisch synthetisierte Substanz, eine Pflanzendroge oder eine Pilzzubereitung handelt) fungiert als eine Art Katalysator für wahrnehmungsbezogene, emotionale und mentale Veränderungen, die zu Einsicht, Heilung, Lernen, Visionen und großer Freude führen können – oder aber Verwirrung, Angst, Paranoia, Wahnvorstellungen und Depression auslösen.

Mit diesen Substanzen wird man beides, positive und negative Zustände wie auch gute und schlechte Trips, tendenziell mit erhöhter Intensität und ausführlichen Details erleben. Wenn Absicht und Kontext einen unterstützenden, therapeutischen und geschützten Rahmen bieten, werden die Personen meist sagen, dass sie genauso viel von den sogenannten schlechten wie von den guten Trips lernen. Anders ausgedrückt hat ein schlechter Trip möglicherweise Anteile, die subjektiv als schmerzhaft und unbequem erlebt werden; dennoch berichten viele Personen, dass sie rückblickend wertvolle Lehren daraus ziehen konnten.

Dies könnte in der Tat ein Schlüssel sein, um bewusstseinserweiternde Substanzen und Erfahrungen von reinen Freizeit-Drogenerfahrungen zu unterscheiden. In *Welten des Bewusstseins – Welten der Wirklichkeit* beschrieb ich intentionale, geführte entheogene Erfahrungen, die sowohl in himmlische wie höllische Welten als auch in die vier anderen Welten der buddhistischen Kartografie des Rades von Geburt und Tod führten. Viele Teilnehmer beschrieben, dass sie, obwohl sie die himmlischen Welten als angenehm und wunderschön empfanden, mehr von den höllischen Welten lernten – inklusive natürlich die wesentlichen Lektionen zu den Methoden, mit denen man wieder aus höllischen Bewusstseinszuständen herausfindet.

In meinem eigenen Denken und meinen Schriften über diese Art von Drogen habe ich in den letzten Jahren begonnen, die Verwendung des Begriffs „psychedelisch", der von Aldous Huxley und Humphrey Osmond in den Sechzigerjahren geprägt wurde, zu vermeiden; dies vor allem, weil dieser Begriff inzwischen mit allen möglichen Arten von unnötigem kulturellem Ballast – wie Illegalität, Gefahr, Wahnsinn – behaftet ist, den er ursprünglich nicht besaß. Dies wurde mir klar, als meine 9-jährige Tochter eines Tages aus der Schule nach Hause kam und einige Paisley-Muster, die sie irgendwo gesehen hatte, hocherfreut mit „Oh, wie psychedelisch!" beschrieb. Ganz offensichtlich hatte sich ein Begriff, der bestimmte Arten von Drogenerfahrungen beschreibt, in ein popkulturelles Modeimage verwandelt.

Zu dieser Zeit stieß ich synchron dazu auf einige Briefe aus der frühen Korrespondenz zwischen Tim Leary und Albert Hofmann, in denen letzterer seine Freude über das Konzept und die Terminologie der „Bewusstseinserweiterung" zum Ausdruck bringt. Ich bevorzuge inzwischen diesen Begriff auch deshalb, weil er zwei alltägliche Worte verwendet, „Bewusstsein" und „Erweiterung" und diese einander neu gegenüberstellt. Es ist, als ob jemand sagen würde: „Bewusstsein kann sich erweitern – wer hätte das gedacht?" Und diese Frage könnte dazu führen, die parallele Frage nach der „Kontraktion des Bewusstseins" zu stellen, die sich sowohl auf funktionale, intentionale Kontraktionen der Konzentration und Fokussierung bezieht als auch auf dysfunktionale, unbeabsichtigte Kontraktionen wie Zwänge und Süchte. Dieser Gedankengang führt dann zu einem der zentralen Bereiche der therapeutischen Anwendung bewusstseinserweiternder Drogen – insbesondere zur Behandlung von Suchterkrankungen, Obsessionen und Zwängen.

In meinem Buch *Raum des Geistes – Strom der Zeit* (2012) lege ich dar, dass Zustände der Aufmerksamkeit und des Bewusstseins täglich und sogar stündlich zwischen einem eher expansiven und einem eher zusammengezogenen Modus fluktuieren. Einige dieser Veränderungen haben einen intentionalen und zweckorientierten Charakter, während viele andere unwillkürlich und ohne begleitende Wahrnehmung oder Einsicht stattfinden. Wie allgemein bekannt, ist es eine der wichtigsten Absichten oder Funktionen in der Praxis der Achtsamkeitsmeditation, die mehr oder weniger zufälligen Bewegungen des Geistes und der Aufmerksamkeit bis zu einem gewissen Grad willentlich zu kontrollieren. Umgekehrt ist es eine der Hauptaufgaben der Psychotherapie, die unwillkürlichen Kontraktionen von Obsessionen und Zwängen, ob sie nun mental oder emotional sind oder das Verhalten betreffen, besser bewusst steuern zu können.

Der Begriff *Entheogen*, der sich in den Achtzigerjahren eingebürgert hat – teilweise aus Abwehr gegen die Popkultur-Assoziationen des Wortes „*psychedelisch*" – ist der einzige unter den oben genannten Begriffen, der ausdrücklich darauf hinweist, dass diese Erfahrungen – sofern günstige Bedingungen von Vorhaben (*Set*) und Kontext (*Setting*) bestehen – uns mit den heiligen oder göttlichen Dimensionen unserer Existenz in Berührung zu bringen vermögen. Wissenschaftliche Studien haben gezeigt, dass diese Substanzen bei der Psychotherapie helfen können; sie können der Überwindung von Sucht und Zwangszuständen dienen; sie können Sterbenden die Vorbereitungen auf die letzte Reise erleichtern; sie können das Verständnis von Zuständen und Dimensionen des Bewusstseins und der Natur der Wirklichkeit fördern; sie können die Kreativität steigern – und sie können die Offenheit für spirituelle oder mystische Erfahrungen und deren Wahrscheinlichkeit erhöhen.

In diesem Buch werde ich über den Gebrauch und den Wert entheogener oder bewusstseinserweiternder Substanzen bei Sitzungen sprechen, in denen eine *therapeutische oder heilende, spirituelle oder sakramentale Erforschung oder ein erweitertes Verständnis und die Förderung der Kreativität* die explizite Intention oder das Ziel darstellen und in der Gestaltung von Erfahrung zum Ausdruck kommen. Das heißt, ich betrachte oder beschreibe nicht die Erfahrungen derjenigen, die diese Substanzen vor allem als Freizeitdrogen benutzen, wie bei „Raves" oder auf „Partys".

Nicht, dass ich irgendwelche Urteile über den Freizeitgebrauch von Psychedelika fällen möchte (solange sie auf sichere Weise und mit ethischen Erwägungen zur Rücksichtnahme auf andere genutzt werden). In der Tat bin ich selbst auch schon gelegentlich in den Genuss solcher Erfahrungen gekommen. Dennoch erfordert der Konsum bewusstseinserweiternder Substanzen in der Freizeit keine Handbücher oder eine besondere Ausbildung, außer einem gut informierten, gesunden Menschenverstand. Selbstverständlich kann Erholung im Zusammenhang mit den möglichen Arten von Situationen, die ich beschreibe, ein motivierender Faktor unter anderen sein. Denn schließlich verweist das Wort *recreation* (Erholung) in seiner essenziellen Bedeutung auf einen Prozess des Wieder-Herstellens (*re-creating*), was man an und für sich schon als einen Aspekt von Heilung betrachten kann.

Die Erweiterung des Bewusstseins oder die *Verstärkung der Wahrnehmung* oder das *Erwachen des Bewusstseins* sind Phrasen, die suggestiv unspezifische Erfahrungsinhalte mit diesen Substanzen beschreiben. Timothy Leary verwies oft auf die Analogien von Psychedelika zu Mikroskop und Teleskop als wissenschaftlichen Geräten zur Verstärkung und Vergrößerung der Wahrnehmung. Was wir durch das Mikroskop sehen, ist eine Funktion dessen, was wir auf den Objektträger zur Betrachtung auftragen, und was wir durch das Teleskop sehen, ist eine Funktion des Himmelsausschnitts, auf den es gerichtet ist. Die Wahrnehmungsinstrumente erlauben uns, Phänomene in einem Maßstab oder in einer Realität wahrzunehmen, zu der wir in unserem gewöhnlichen, funktionalen Wachbewusstsein keinen Zugang haben. Auf ähnliche Weise erlauben uns absichtsvolle entheogene Erfahrungen, unsere psychischen Inhalte mit erweitertem Verständnis wahrzunehmen, das normalerweise nur schwer zu erreichen ist.

Erweiterungen des Bewusstseins können sich natürlicherweise und spontan im Verlauf des alltäglichen Lebens ereignen – wenn wir aus dem Schlaf erwachen, wenn wir reisen und einen Ort mit Interesse und Neugier entdecken oder wenn wir in achtsame Meditation, erotische Vereinigung oder ästhetische Betrachtungen vertieft sind. Der ultimativ erweiterte Zustand ist das „kosmische Bewusstsein" oder die mystische Einheit mit dem Göttlichen – ein unbeschreiblicher transzendenter Zustand, in dem jede Getrenntheit aufgehoben ist. Wie alle Bewusstseinszustände sind auch diese von vorübergehender Natur, obwohl uns das Verständnis und die Gelassenheit, die wir daraus gewonnen haben, möglicherweise ein Leben lang erhalten bleiben.

In der berühmten „Karfreitags-Studie" zur experimentellen Mystik, die im Verlauf der Harvard-Forschungsstudien mit Psilocybin in den späten Sechzigerjahren durchgeführt wurde, hatte Walter Pahnke nachgewiesen, dass in einer Gruppe von Theologiestudenten, die an religiösen Erfahrungen interessiert waren und eine bewusstseinserweiternde Substanz in einem religiös-zeremoniellen Setting erhielten, ein signifikant hoher Anteil der Teilnehmer klassische mystische Erfahrungen machte. Als Charles Tart einige Langzeit-Praktizierende der buddhistischen Meditation interviewte und sie nach ihrem Gebrauch von LSD und anderen Psychedelika befragte, gaben die meisten von ihnen an, dass ihre psychedelischen Erfahrungen, obwohl sie nicht regelmäßig Drogen konsumierten, bei der Aufnahme ihrer Meditationspraxis eine entscheidende Rolle gespielt hatten – sie hatten ihnen eine inspirierende Vorschau dessen gegeben, was möglich war.

Man kann die Erfahrung und den Prozess der Bewusstseinserweiterung möglicherweise besser würdigen, wenn man ihnen die *Verengung des Bewusstseins* gegenüberstellt. Der Prototyp für eine Verengung der Aufmerksamkeit ist *Konzentration* und *Fokus*: Wenn ich meine Aufmerksamkeit auf ein Objekt der Sinneswahrnehmung (auf das, was ich sehe oder höre), oder auf eine gekonnt ausgedrückte oder vollzogene Handlung (auf das, was ich tue oder mache) einenge, schließe ich dadurch die eher peripher liegenden Elemente potenzieller Erfahrungen aus. Wir modulieren ständig den Umfang unseres Wahrnehmungsfokus, erweitern oder verengen ihn je nach unseren Absichten und den Erfordernissen der jeweiligen Situation.

Im Alltagsleben werden unsere Aufmerksamkeit und unser Bewusstsein häufig auf besonders eindringliche und auffallende (d. h. laute und helle) Reize gelenkt. Oder wir sind begeistert von der attraktiven Erscheinung einer Person oder eines Kunstwerks. In der Meditationspraxis ermöglicht die unbewegte Haltung mit geschlossenen Augen sowohl eine Loslösung von den zwingenden Sinnesreizen der äußeren Welt als auch das Richten der Aufmerksamkeit auf unsere eigenen inneren Gedanken, Bilder, Gefühle und Empfindungen.

Während die absichtliche, konzentrierende Zusammenziehung des Bewusstseins für jegliches Lernen, für kreativen Ausdruck, anspruchsvolle Leistungen und wirkungsvolle Kommunikation essenziell ist, ereignen sich unabsichtliche Einschränkungen des Bewusstseins in Zuständen von Angst und Wut, wobei die zusammengekniffenen Augen und die Muskelanspannung den Organismus auf die Kampf-Flucht-Reaktion gegenüber der wahrgenommenen Bedrohung vorbereiten. Solche Flucht-, Vermeidungs- oder Angriffsreaktionen können durch Anpassung zu sich wiederholenden Fixierungen werden – und sich zu den Obsessionen, Zwängen und Süchten entwickeln, die Sigmund Freud „das Unbehagen in der Kultur" genannt hat.

Seit dem 20. Jahrhundert beobachten wir das langsame und anhaltende Heraustreten menschlicher Bevölkerungsgruppen aus der Identifikation mit Ethnozentrismus, Stammeskultur und Nationalismus in die wachsende Identifikation mit der weltweiten Familie der Menschheit – einem Gefühl der Zugehörigkeit zu diesem Planeten, zu dieser Erde, und einem Gefühl der Verantwortung für alle Menschen, unabhängig von Volksgruppe, Nationalität oder Religion. Gleichzeitig hat uns die Ökologiebewegung die Augen geöffnet für die Grenzen unserer auf den Menschen zentrierten und ihn als überlegen betrachtenden Haltung – die einige als „Arroganz des Humanismus" bezeichnet haben – und für die katastrophalen Folgen dieser menschlichen Arroganz gegenüber allem nicht-menschlichen Leben. Unsere Weltanschauung muss sich erweitern, um ökozentrisch und biosphärisch zu werden – so dass wir alle gleichermaßen für den Erhalt allen menschlichen und nichtmenschlichen Lebens auf dieser Erde sorgen. Dies ist der Wandel, der notwendig ist, wenn unsere Zivilisation den drohenden Kollaps der planetarischen Umwelt überleben soll.

Im Zuge der weltanschaulichen Veränderungen, die gegenwärtig stattfinden, hört man viel von Globalisierung – dies bezieht sich jedoch meist auf die Globalisierung der Märkte und die Profite multinationaler Unternehmenskartelle. Was wir für das Wohlergehen unserer planetarischen Zivilisation viel dringender brauchen, ist ein weltumspannender Kreis der Fürsorge und des Mitgefühls, in dem alle für alle Verantwortung übernehmen. Dann entwickeln wir vielleicht eine Vorstellung von uns selbst, wie wir gemeinsam mit Milliarden anderer menschlicher und nicht-menschlicher Wesen auf der Erde leben, in einem umfassenderen Kosmos, in dem es von vermutlich bewohnten Planetenwelten und -zivilisationen nur so wimmelt.

Entheogenese bedeutet das Erwachen der Erkenntnis, dass wir Menschenwesen und die Welt um uns herum viel mehr sind als einfach nur materielle Organismen, die auf einem materiellen planetarischen Körper leben und sich entwickeln. Wir sind mehrdimensionale spirituelle, kosmische, noetische, psychische und irdische Wesen. Die Sufi-Mystiker schlugen dafür das Analogon vor, dass wir Menschen die Bewohner eines mehrstöckigen Herrenhauses sind, jedoch unsere Aufmerksamkeit und unser Bewusstsein schon so lange auf das Erdgeschoss gerichtet haben, dass wir die Existenz der höheren Ebenen und erst recht die Methoden für den Zugang zu ihnen vergessen haben. In den religiösen Weltanschauungen des Ostens, wie im Hinduismus und Buddhismus, sind die Existenz und die Realität der höheren, spirituellen Dimensionen unseres Daseins als selbstverständlich akzeptiert, und es wurden viele verschiedene Yogi-Meditationen entwickelt, um diese Dimensionen zugänglich zu machen. Die zentrale bewusstseinserweiternde Einsicht, die aus psychedelischen, entheogenen Zuständen erwächst und die durch die spirituellen Traditionen von Ost und West bestätigt wird, ist, dass auf jeder Stufe, von der makrokosmischen bis zur mikrokosmischen Ebene, vom Atom bis zu den Tieren, bis zu Bäumen, Planeten und Sternen, in allen gestalteten Formen der Geist lebt und sich durch sie äußert.

Rahmenbedingungen und Ethik für entheogene Erfahrungen

Die bevorzugte Umgebung für Sitzungen im therapeutisch-sakramentalen Modus ist im Allgemeinen ein ruhiger, einfacher, komfortabler Raum, in dem die Person, der Klient oder der Reisende sich zurücklehnen oder hinlegen und der

Therapeut oder Leiter in der Nähe sitzen kann. Die Kleidung sollte locker und bequem sein und es sollte eine Decke zur Verfügung stehen, falls die Person vorübergehend frieren sollte.

Am besten ist es, wenn es Zugang oder Nähe zu den Elementen der Natur gibt. Ein Feuer in der Feuerstelle erinnert an die alchemistischen Feuer der inneren Reinigung und das lebenserhaltende Feuer des Geistes. Frisches Trinkwasser und die Nähe zu einem Fluss oder zum Meer erinnert uns an die wässrigen Ursprünge unseres Lebens. Erde und ihre natürlichen Formen – Erdboden, Pflanzen, Bäume, Felsen, Holz – sollten idealerweise ebenfalls in spürbarer Nähe sein. Bäume und Pflanzen im Raum oder in der Nähe der Raumes, in dem die Sitzung stattfindet, sind wunderbare Gefährten. Man kann Kristalle oder andere schöne Steine mitbringen, um sie zu betrachten.

Es gibt zwei allgemeine Grundsätze, die man als ethische Leitlinien für diese Art Praxis empfehlen kann – und die von der entheogenen Untergrundkultur in der Tat weitgehend unterstützt werden:

1. *Niemand sollte eine Substanz verabreicht bekommen oder gegen seinen eigenen Wunsch oder ohne volle Darlegung der möglichen Risiken und Vorteile dazu überredet werden, sie einzunehmen. Eine offensichtliche Konsequenz dieses Prinzips ist, dass man minderjährige Jugendliche nicht zur Einnahme solcher Substanzen bewegen sollte.*

2. *Niemand sollte in Erwägung ziehen, eine Sitzung für andere mit diesen Substanzen anzubieten, der nicht selbst persönliche, vorzugsweise wiederholte Erfahrungen mit der jeweiligen Substanz gemacht hat.*

Die Fragen, die Absichten oder die Themen, die man zur Sitzung mitbringt, bestimmen – wie wir es in diesem Buch ausführlich beschreiben werden – grundsätzlich die Klangfarbe der Erfahrung. Was auch immer sich während der Erfahrung entfaltet, scheint in gewissem Sinn eine Antwort auf diese Fragen zu sein – auch wenn man die Zusammenhänge erst später versteht. Die meisten Therapeuten und Führer empfehlen dem Reisenden, zunächst tief nach innen zu gehen, zum Zentrum oder Urgrund des Seins, zum Höheren Selbst – oder in ähnliche

Richtungen. Von diesem Ort des Zentriert-Seins aus kann man dann mit Mitgefühl und Einsicht die Probleme und Fragen zum eigenen Leben, die man in die Erfahrung mitbringt, aufarbeiten und analysieren. Nicht selten spüren Teilnehmer, dass viele ihrer Probleme und Fragen in der allumfassenden Liebe und dem Mitgefühl, das sie empfinden, aufgelöst worden sind. Auch bei einem solchen Zustand totaler Einheit und Transzendenz ist es später oft hilfreich, die Fragen zu stellen und die eigenen Antworten oder Kommentare für eine spätere Rückschau vielleicht auf Tonband aufzunehmen.

Ein abschließender Kommentar zum englischen Untertitel dieses Buches, *Guidelines for productive and safe experiences with entheogens* („Leitlinien für produktive und sichere Erfahrungen mit Entheogenen"): Ich benutze absichtlich nicht den Begriff „effektiv", denn wenn man sagt, eine Erfahrung mit einer Methode oder Substanz sei effektiv, impliziert dies, dass es eine Art Effizienzstandard gibt, der gemessen wird. Dies könnte in der Tat angemessen sein, wenn wir eine Heilmethode für die Behandlung eines definierten Zustandes oder einer Krankheit beurteilen. Wir mögen fragen: „Wie effektiv ist diese Heilung?" Aber wenn wir von Erwachen sprechen und von der Ausdehnung des Bewusstseins in vorher unbekannte und unerforschte Bereiche von Gesundheit, Wohlbefinden, Kreativität und Spiritualität, müsste die Evaluation im Sinne der Frage „Wie produktiv ist diese neue Methode?" geführt werden. Wie produktiv ist sie für neue Formen der Kreativität, für gesündere Einstellungen zu unserer Welt in den heutigen Zeiten, für ein tieferes Verständnis der Geheimnisse vom Tod und dem Jenseits?

1
Absicht und Vorbereitung

Der menschliche Geist ist in jedem Zustand ein Theater gleichzeitiger Möglichkeiten.

William James

In diesem Teil werde ich die überaus wichtigen Faktoren Intention, Set und Setting und die Vorbereitung für die am häufigsten auftretenden Situationen im Zusammenhang mit Entheogenen/Psychedelika beschreiben und diskutieren. Wie in der Einleitung erwähnt, beschränken sich die Sitzungen, die ich beschreibe, auf diejenigen, welche in erster Linie therapeutischen oder heilenden, spirituellen oder sakramentalen, erforschenden/verständnisbildenden und die Kreativität erweiternden Zwecken dienten. Ich werde keine Sitzungen beschreiben, deren Hauptzweck das Freizeitvergnügen ist (beispielsweise *Raves*), obwohl spontanes Vergnügen, Humor und Freude durchaus Aspekte jeder entheogenen Erfahrung sein können. Ich beschreibe sowohl psychotherapeutische Sitzungen in medizinischen oder nicht-medizinischen Zusammenhängen als auch Zeremonien innerhalb eines mehr oder weniger streng organisierten religiösen Rahmens. Im längsten Abschnitt beschreibe ich die Schlüsselelemente der hybriden entheogenen Gruppenzeremonien, die sich in den letzten zwanzig bis dreißig Jahren in Europa und Nordamerika herausgebildet haben. Diese Zeremonien, die in ihren einzelnen Praktiken äußerst unterschiedlich sind, greifen sowohl auf schamanische und spirituell-religiöse Traditionen als auch auf psychologische Erkenntnisse aus der modernen Psychotherapie und Bewusstseinsforschung zurück. Ich möchte betonen, dass ich diese Praktiken als Ethnopsychologe und teilnehmender Beobachter beschreibe, dabei jedoch keinesfalls den Gebrauch entheogener Substanzen befürworte.

Psychotherapeutische Sitzungen in einer medizinischen Klinik

Diese finden typischerweise in einer forschungsorientierten, klinischen Umgebung statt, mit einer Infrastruktur, welche die medizinische Sicherheit gewährleistet. Man beabsichtigt damit normalerweise zweierlei: Erstens können bestimmte Erkrankungen – wie posttraumatische Belastungsstörungen oder Ängste – behandelt werden, und zweitens kann man den Wert und die Sicherheit eines bestimmten Behandlungsprotokolls testen oder demonstrieren. Beispiele dieser Paradigmen sind Stanislav Grofs Arbeit mit psycholytischer Therapie in Prag in den Fünfzigerjahren und am Spring Grove Hospital in Maryland sowie die Arbeit von Michael und Annie Mithoefer, welche die MDMA-Therapie mit traumatisierten Veteranen erprobt haben. Obwohl diese Sitzungen in einem medizinisch-klinischen Setting durchgeführt werden, ist der eigentliche Sitzungsraum typischerweise wie ein komfortables Wohnzimmer eingerichtet, mit Kunstgegenständen und Blumen. Üblicherweise finden im Vorfeld mehrere psychotherapeutische oder beratende Sitzungen statt, um die wesentlichen Fragen vor der psychedelischen oder empathogenen Sitzung zu erörtern.

Während der Sitzung, die mit einer Übernachtung in der Klinik verbunden sein kann, hört die Person ausgewählte Musik mit Kopfhörern, die zur Verfügung gestellt werden. Der Therapeut oder am besten zwei Therapeuten, Mann und Frau – können mit dem Klienten interagieren und ihm unterschiedliche Ebenen der psychotherapeutischen Unterstützung oder Anleitung anbieten.

Eine Variante dieses Modells ist die Einrichtung für die *Behandlung der Drogenabhängigkeit* mit *Ibogain* in einigen Kliniken in Kanada, den Niederlanden, Mexico und Guatemala. Da bei Suchtabhängigen das Risiko eines Herz-Kreislauf-Kollapses während des Entzugs besteht und weil extrem hohe Ibogain-Dosierungen verabreicht werden müssen, um der betäubenden Drogenwirkung entgegenzuwirken, sind diese Behandlungen mit einem hohem Risiko verbunden und dürfen daher nur in für medizinische Notfälle voll ausgestatteten Räumlichkeiten mit konstanter professioneller Betreuung durchgeführt werden. Die Patienten selbst verfolgen üblicherweise ihren eigenen inneren Prozess der Selbstanalyse, mit der Möglichkeit zur Rücksprache mit einem Therapeuten während der Sitzung, die etwa 5–7 Stunden dauern kann und zudem 1–3 Tage Aufenthalt in der Klinik selbst oder in der Nähe erfordert.

Entwicklungsorientierte Sitzungen in einem nicht-medizinischen Kontext

Eine Gruppe von 6–10 Teilnehmern trifft sich in einer Wohnzimmerumgebung auf Einladung durch einen Leiter oder Förderer. Verschiedene Substanzen können zur Auswahl angeboten werden, einschließlich MDMA, LSD, Pilze und andere. Die von allen geteilte und akzeptierte Absicht ist selbstbestimmte Heilung und persönliche Entwicklung, obwohl dies nicht unbedingt ausdrücklich beschrieben oder diskutiert wird. Ebenso gibt es vielleicht verschieden starke explizit spirituelle oder religiöse Neigungen, obwohl diese nicht notwendigerweise von allen geteilt werden. Bestimmte Grundregeln in Bezug auf die Sicherheit werden festgelegt und von allen akzeptiert. Der Gruppenleiter spricht vielleicht ein einführendes Gebet, zum Beispiel aus *Ein Kurs in Wundern*. Die Teilnehmer machen es sich auf Matten auf dem Boden bequem, manchmal liegen sie im Kreis, manchmal auch nicht; sie sind ausgestattet mit eigenen Kopfhörern, die Musik wird aus einer zentralen Quelle übertragen. Während der Sitzung gibt es wenig oder gar keine Interaktion unter den Teilnehmern, es gibt auch keine verbale Führung durch die Sitter – obwohl sie bei Bedarf zur Unterstützung zur Verfügung stehen. Von den Teilnehmern wird erwartet, dass sie die vollständige Verantwortung für ihre eigene innere Arbeit an ihren Fragen und Absichten übernehmen.

Eine Variante dieses Formats sind die Gruppensitzungen, die Alexander „Sasha" Shulgin bei seinen Forschungen über die neu geschaffenen Drogen benutzte, wie in den von Sasha und Ann Shulgin gemeinsam verfassten Büchern *PIHKAL* und *TIHKAL* beschrieben. In diesen Gruppen nahmen alle Teilnehmer nur eine spezifische Substanz pro Sitzung ein, um so eine neue Substanz zu bewerten, die Shulgin erschaffen hatte. Er und eine konstante Gruppe von etwa einem Dutzend Forschern trafen sich in einer vertrauten Wohnzimmerumgebung, legten eine sichere Dosierung fest und beurteilten jede Substanz auf einer Fünf-Punkte-Skala der subjektiven Intensität. Bei seiner Forschungsmethode blieben das Vorhaben (*Set*) und die Rahmenbedingungen (das *Setting*) konstant. Wenn wir die Wirkungen einer psychedelischen Substanz als eine Funktion der Substanz, der Absicht (*Set*), und der Rahmenbedingungen (des *Setting*) betrachten, erlaubt dieses Vorgehen bedeutungsvolle Vergleiche zwischen verschiedenen Substanzen. Das Umfeld und der Kontext waren ein komfortables Zuhause, in dem die Teilnehmer sich in verschiedenen Räumen bewegen und wieder zusammenfinden konnten. Die vereinbarte Absicht war, die jeweilige Substanz zu probieren und ihre Wirkungen zu beschreiben. Alle hatten bestimmten Verhaltensregeln zugestimmt, und man hatte die Vorsichtsmaßnahmen und Signale während der Prozedur zuvor so festgelegt, dass jeder Teilnehmer zu jedem Aspekt der Situation, in der er sich unwohl fühlte, sein Veto einlegen konnte.

Die traditionelle Peyote-Zeremonie der Native American Church (NAC)

Die Zeremonien der NAC werden in der Regel auf Anfrage einer Familie oder eines Einzelnen abgehalten, die in bestimmten Situationen nach Heilung oder Versöhnung suchen – beispielsweise bei einer Krankheit oder einem Verhaltensproblem in der Familie. Jemand erklärt sich bereit, die Zeremonie zu unterstützen, stellt einen Platz für das Tipi zur Verfügung, lädt einen anerkannten Ältesten ein, der die Zeremonie abhält, erwirbt und beschafft die Kakteenmedizin und verschickt Einladungen an potenzielle Teilnehmer. Verschiedene Gruppen innerhalb der NAC können sich in ihren Auswahlkriterien für eine Teilnahme unterscheiden – einige eher konservative Gruppen nehmen möglicherweise nur diejenigen auf, die mindestens 50 Prozent amerikanische Ureinwohner-Gene haben, das heißt, mindestens einen indianischen Elternteil.

Eine der Stärken der traditionellen Zeremonien, die mehr oder weniger auf dem NAC-Modell basieren, liegt in der Zeit, die der Vorbereitung gewidmet wird. Ich habe selbst an mehreren dieser sogenannten Meetings teilgenommen. Die Teilnehmer wurden eingeladen, sich an einem festgelegten Ort einzufinden, und versammelten sich dann langsam über einen Zeitraum von mehreren Stunden, ohne einen festgelegten Beginn der Zeremonie. Der *Roadman* und seine Mitarbeiter würden „zur Indianer-Zeit" da sein. Es wurde ein Tipi aufgestellt, Holz für das Feuer wurde aufgebaut und gestapelt und man achtete sorgfältig darauf, den „Altar" zwischen dem Platz des *Roadman* und der zentralen Feuerstelle aufzubauen. Feiner Sand wurde hineingebracht und in die Form einer gebogenen Sandbank gebracht, etwa 15 Zentimeter hoch, in der Form eines Halbmondes, zwischen dem Platz des *Roadman* und dem zentralen Feuer. Einmal habe ich zwei junge Assistenten oder Lehrlinge beobachtet, die mehrere Stunden darauf verwandten, den halbmondförmigen Altar mit weichen Pinseln zu formen, zu reinigen und zu glätten – während sich draußen die Leute langsam versammelten und sich ihren Freunden und Familien anschlossen.

In den streng traditionellen Zeremonien, die in einem Tipi um ein loderndes Feuer herum abgehalten werden, gibt es vier klare Rollen: den *Roadman*, der die Zeremonie leitet und die Teilnehmer entlang der „guten roten Straße" führt; den *Fireman*, der das Feuer in der Mitte betreut und auch beobachtet, wer das Zelt verlässt, um sich zu erleichtern – was nur dann erlaubt ist, wenn niemand singt; den *Cedarman*, der Zedernholz zum reinigenden Räuchern bereithält; und den *Drummer*, den Trommler, der die Singenden mit einem Hintergrundrhythmus auf einer wassergefüllten Trommel begleitet. Eine besondere Rolle ist für die *Water Woman*, die Wasserfrau, reserviert, die den Teilnehmern frisches Wasser reicht, wenn diese das Tipi im Morgengrauen nach einer die ganze Nacht dauernden Zeremonie verlassen.

In den traditionellen Zeremonien wird ein Peyote-Gesang nach dem anderen angestimmt, der Sänger rasselt normalerweise selbst mit einer Rassel und wird vom Trommler begleitet. Die Gesänge können traditionelle Lieder sein – oft ohne Worte, lediglich rhythmische Silben, die von einem *Peyotero* zum nächsten weitergegeben werden. In weniger strengen Zeremonien dürfen die Teilnehmer ihre selbst inspirierten Lieder singen, und „Anglos" wird erlaubt, englischsprachige Lieder oder Gesänge mit gemischten Silben anzustimmen. Die durchgehende Konstante ist der schnelle, eindringliche Rhythmus, den der Trommler vorgibt.

Die Peyote Way Church of God

Nachdem ich von der Ostküste der USA weggezogen war, kam ich in den späten Sechzigerjahren in Kontakt mit Immanuel Pardeahtan Trujillo, allgemein bekannt als *Mana*. Er war der Sohn einer französischen Mutter und eines Apachenvaters, Maler und Töpfer, ein Veteran der US-Armee, der viele Jahre lang als *Roadman* in der NAC fungiert hatte. Er hatte unser Projekt in Millbrook, New York, besucht und war auch an der Erforschung anderer psychedelischer Substanzen abgesehen vom traditionellen Peyote interessiert. Ich traf ihn in Colorado, wo er damals lebte, und wir diskutierten die Entwicklung einer neuen, hybriden Ritualform. Er war etwas enttäuscht von der rigiden Haltung des NAC, nachdem die Traditionalisten seinen zwei Kindern, die er mit seiner weißen Frau hatte, die Teilnahmeberechtigung verweigert hatten, weil ihr genetisches Erbgut zu weniger als 50 Prozent indianisch war.

Mana und ich arrangierten eine Gruppensitzung im Freien für eine kleine Gruppe seiner Freunde, benutzten LSD als Katalysator und einigten uns auf das folgende einfache und sichere Format: Wir begannen um ein Feuer herum sitzend, teilten einander unsere Absichten mit und nahmen die Medizin ein. Dann entfernten sich die Teilnehmer in verschiedene Richtungen, um ihren eigenen individuellen Visionen zu folgen. Die Übereinkunft war, dass man sich in Sichtweite der jeweiligen Person aufhalten würde, die abwechselnd beim Feuer blieb. Teilnehmer, die miteinander sprechen und ihre Erfahrungen austauschen wollten, konnten zum Feuer kommen, und diejenigen, die allein mit ihren Geistern Zwiesprache halten wollten, hielten sich in einem weiter entfernten Umkreis auf.

Die *Peyote Way Church of God* wurde 1977 von Immanuel Trujillo, Anne Zapf und Matthew Kent auf einer 160 Hektar großen Farm in einem isolierten Gebiet im südlichen Arizona gegründet, in der Nähe des Mount Graham, des traditionellen heiligen Bergs der Apachen. Diese Kirche übernahm mehrere Diätvorschriften von den Mormonen – das heißt, kein Alkohol, Tabak, Koffein, weißer Zucker oder weißes Mehl und stark begrenzter Fleischkonsum; jedoch betrachten sie die Betreuung, den Anbau, die Einnahme und die Verteilung des „heiligen Sakraments Peyote" als Kern ihres Glaubens und ihrer religiösen Praxis. Abgesehen davon befürwortet die Kirche einen ganzheitlichen Lebensstil, das Streben nach der persönlichen Erfahrung des Heiligen Geistes in uns, Selbstdisziplin, Mitgefühl, Gewaltfreiheit, selbstloses Dienen und die Anerkennung der zentralen Rolle der Frau als Lebensspenderin und eine familienorientierte Heimarbeit.

Sie haben in Arizona 30 Jahre lang gerichtlich um ihr Recht gekämpft, ihren religiösen Gebrauch von Peyote zu schützen und zu erhalten. Sie führen keine Gruppenzeremonien mit Peyote durch wie die NAC. Ihre Praxis besteht stattdessen in einem allein durchgeführten *Spirit Walk*, einer spirituellen Wanderung, ähnlich dem, was einige andere indianische Traditionen eine Visionssuche nennen. Nach 24-stündigem Fasten wird der Einzelne angeleitet und dabei unterstützt, allein hinaus in die wilde Gebirgswüste zu gehen und mit einem Vorrat an Peyote-Buttons dort zu übernachten, um zu beten und zu fasten und Visionen zu suchen.

Die traditionellen Pilzzeremonien der Mazateken

In den späten Fünfzigerjahren weckten die Schriften von R. Gordon Wasson, der 1957 seine Begegnung mit der Heilerin Maria Sabina in einer Fotoreportage im *Life*-Magazin beschrieb, das Interesse der westlichen Welt für die traditionellen Pilzzeremonien der Mazateken und anderer Stämme in Mexiko. Durch diesen Artikel drang das Überleben einer heiligen Pilzzeremonie aus Vor-Eroberungszeiten mit der Kraft einer Explosion ins Bewusstsein des Westens. Die Visionen erzeugenden Pilze wurden (und werden) von den Indianern verehrt wegen der tiefen spirituellen Einsichten und der Heilung, die sie ermöglichen.

Nachdem Gordon Wasson und Albert Hofmann *Psilocybin* als den psychoaktiven Bestandteil in den Pilzen identifiziert hatten, wurde die Substanz in den frühen, von Leary und seinen Mitarbeitern initiierten Harvard-Studien benutzt. Gegenwärtig wird der Gebrauch von synthetischem Psilocybin weiterhin in kontrollierten Doppelblindstudien zur Behandlung von Suchterkrankungen, Zwängen und Ängsten getestet. Inzwischen wurden – dank der Bemühungen der McKenna-Brüder und anderer – Methoden zur Heimzucht der Pilze entwickelt, die ein weitverzweigtes internationales Untergrundnetzwerk von Pilzzüchtern fördern.

In meinem Buch *Sacred Mushrooms of Visions – Teonanácatl* habe ich beschrieben, wie sich die Rituale mit dieser uralten heiligen Medizin in modernen Zeiten verändert haben. Doch die folgenden Grundmerkmale wurden aus den traditionellen Zeremonien der Mazateken übernommen und sind erhalten geblieben: 1. Eine Gruppe von Leuten sitzt in einem Kreis in einem abgedunkelten Raum, der nur von einer Kerze beleuchtet ist, bis die Pilze ausgegeben worden sind, und dann vollständig abgedunkelt wird; 2. der Heiler-Leiter singt und intoniert Gesänge, ruft die Geister an und bittet sie um ihre Hilfe bei der Heilung des anwesenden Patienten. Maria Sabinas Lieder und Gesänge, die damals aufgezeichnet wurden, konnten stundenlang andauern – eine Mischung aus Gebets-Worten und wortlosen Silben und Ausrufungen. In den modernen Zeremonien wird der Heiler-Sänger vielleicht durch eine Trommel oder Rassel begleitet; manche spielen auch Gitarre und begleiten sich selbst beim Singen.

Die Pilze scheinen, auch im Vergleich mit anderen visionären Substanzen, insbesondere die Sprach- und Singzentren des Gehirns zu bevorzugen, ebenso wie die Humorzentren, sofern es diese gibt, denn in manchen Sitzungen wird viel gekichert und gelacht. Immerhin nennen die Mazateken die Pilze auch *los niños*, „die kleinen Kinder", elfenähnliche Geister, denen es zu gefallen scheint, die Teilnehmer zu amüsieren. In der gegenwärtigen Kultur können die Pilzzeremonien mit viel Gelächter einhergehen, obwohl traditionelle Heiler keine Ablenkungen von der ernsthaften Absicht dieser Zeremonien dulden würden. Ich bin auch in Kreisen gewesen, in denen die Pilze in Zeremonien im Freien genommen wurden, ganz anders als die traditionellen Rituale. In solchen Erfahrungen war man möglicherweise in der Lage zu sehen, wie leuchtend farbige Netzwerke aus Licht die Bäume, Felsen, Felder und Blumen der umgebenden Natur überlagerten.

Die Ayahuasca-Zeremonien der Mestizen Amazoniens

Die traditionelle schamanische Zeremonie mit *Ayahuasca* oder *Yagé* ist eine locker strukturierte Erfahrung, bei der sich eine kleine Gruppe von Leuten in einer respektvollen, spirituellen Haltung zusammenfindet, um gemeinsam eine tiefgehende innere Reise zur Heilung und Transformation zu durchleben. In den Städten und Dörfern im Amazonas-Regenwald gibt es praktizierende Mestizen, die Ayahuasca-Zeremonien sowohl für ihre Gemeinden vor Ort als auch für westliche Touristen anbieten, die nach heilenden Einsichten oder Durchbrüchen suchen. Üblicherweise wird eine Geldspende für die Zeremonie erwartet – und die meisten Westler leisten gerne einen Beitrag an die Ökonomie eines Dorfes in einem Entwicklungsland.

Die Erfahrung und Ausbildung der Ritualleiter können sich beträchtlich voneinander unterscheiden. Anthropologen wie Luis Eduardo Luna haben dokumentiert, dass die Initiationen und die Ausbildung eines traditionellen *ayahuasquero* mehrere Monate und sogar Jahre der Übung in Anspruch nehmen können, mit besonderen Diäten und längerem Fasten. Das vorbereitende Fasten dient der Reinigung des Körpers von Toxinen, damit die ausleitende Wirkung der Ayahuasca-Medizin nicht ganz so intensiv und hart ist. Einige der heftigsten und schmerzhaftesten Reaktionen mit Erbrechen beobachtete ich während der Ayahuasca-Sitzungen von langjährigen Rauchern. Andererseits habe ich erfahrene Ayahuasca-Nutzer gesehen, darunter eine im sechsten Monat schwangere Frau, die sich ohne Probleme in einer entspannten und schmerzlosen Art in der frühen Phase einer Sitzung erbrachen.

Ayahuasca-Sitzungen werden typischerweise für etwa ein Dutzend Teilnehmer durchgeführt, die sich sitzend oder auf dem Boden liegend in einem einfachen Haus aufhalten, dessen geöffnete Fenster die Nachtluft hereinlassen. Nachts stattfindende Sitzungen lenken – ähnlich wie die Schlafmasken bei medizinischen Sitzungen – die Aufmerksamkeit des Reisenden auf die inneren Visionen und nicht auf die äußere Szenerie. Der *ayahuasquero* spricht vielleicht einige eröffnende Gebete und teilt dann den Trank aus. Während der Zeremonie singt er oder sie die *icaros*, die heilenden Lieder, die dazu dienen, die Geister anzurufen, mit denen dieser Heiler oder diese Heilerin seit der Lehrzeit verbunden ist.

In auffallendem Kontrast zum westlichen Medizinmodell nehmen hier beide, der Arzt und der Patient, die Medizin ein, und der Heiler singt Lieder, welche die Geister herbeirufen, die den Patienten dann heilen. Es gibt weder Interpretationen oder Analysen der Visionen durch den Leiter, noch ist er überhaupt daran interessiert, etwas über sie zu hören. Westler, die solche Zeremonien erleben, müssen die Visionen und die Unterweisung, die sie empfangen haben, selbst interpretieren und analysieren, entsprechend den Intentionen, die sie zur Sitzung mitgebracht haben.

Die Vorbereitung für solche *Ayahuasca*-Zeremonien bei den Mestizen ist minimal. Normalerweise wird der oder die Heilerin in seiner/ihrer Gemeinde die Teilnehmer persönlich kennen und ist wahrscheinlich mit ihren Themen und Familien vertraut – sie sind Nachbarn und Freunde. Der Leiter der Zeremonie für westliche touristische Besucher jedoch spricht vielleicht nicht einmal Englisch. Normalerweise hat er keinen Zugang zu ihrer Geschichte, und Kenntnisse der persönlichen Geschichte werden auch nicht als relevant betrachtet. Es gibt keine Anamnesen oder Absichtserklärungen, und es finden auch keine Folgegespräche danach statt. Alles wird von den „Geistern" erledigt, die wissen, was zu tun ist.

Für Westler, die an ein medizinisches Modell oder auch eine Gruppentherapie gewöhnt sind, gibt es nichts Derartiges. Natürlich können und werden die einzelnen Teilnehmer ihre eigene, absichtsvolle Vorbereitung und die Integration vornehmen. Dies ist der wichtigste Gegensatz des amazonischen Mestizen-Paradigmas zu den hybriden schamanisch-psychotherapeutischen Modellen, die weiter unten diskutiert werden und die normalerweise eine ausführliche Vorbereitung und Integration einschließen.

Religiöse Zeremonien mit Ayahuasca in Brasilien

Zusätzlich zu den einheimischen Heilungszeremonien und denen der Mestizen gibt es drei neue Volksreligionen in Brasilien, die den Gebrauch von Ayahuasca einbeziehen – die *Santo Daime*, die *União do Vegetal (UDV)* und *Barquinia*. Zwei dieser synkretistischen religiösen Bewegungen wurden im frühen 20. Jahrhundert von Kautschukzapfern gegründet; alle drei haben sich über die urbanen Zentren in Brasilien verbreitet und dutzende Kirchen mit Tausenden von Anhängern aufgebaut. In den letzten drei Jahrzehnten haben diese Religionen auch in Nordamerika, Europa, Australien und Japan Anhänger gewonnen und Kirchengemeinden aufgebaut.

Obwohl die Einzelheiten bei den Zeremonien variieren, ist das Trinken des Ayahuasca-Tees, der auch *Daime* oder *Hoasca* genannt wird, das zentrale Element ihrer religiösen Praxis. Sie sind in Brasilien rechtlich als religiöse Organisationen anerkannt, und ihr Gebrauch des Ayahuasca-Tees ist dort legal. In den Vereinigten Staaten, Europa und anderswo sind sie halblegal; gelegentlich werden ihre Kirchenleiter und Mitglieder verhaftet und gerichtlich verfolgt, wenn lokale Behörden von ihrer Existenz erfahren.

Sofern wir Schamanismus als ekstatische Reise eines Schamanen in andere Welten der Wirklichkeit für Heilung und Weissagung definieren, praktizieren die Ayahuasca-Kirchen keine reinen Formen des Schamanismus. Die Absicht dieser Kirchen ist es – wie die der etablierten christlichen Kirchen oder der jüdischen Synagogen –, ein ethisch-religiöses Leben und ein gemeinschaftliches Glaubenssystem zu praktizieren und zu fördern und zur sozialen Verbesserung beizutragen. Sie sind nicht darauf ausgerichtet oder besonders daran interessiert, dass einzelne Personen Heilungen erleben oder transpersonale spirituelle Erfahrungen machen. Ich erinnere mich, dass ich, als ich einmal an einer der Zeremonien der UDV in Brasilien teilnahm, einen der Teilnehmer nach seinen Erfahrungen mit der Medizin während der Zeremonie befragte. Er verstand die Frage nicht – sie war für ihn ebenso fremd, wie sie es für ein Mitglied einer christlichen Gemeinde wäre, das aus dem Sonntagsgottesdienst kommt.

Santo Daime ist eine synkretistische Tradition, die christliche, spirituelle und einheimische Elemente kombiniert. Sie wurde in den Zwanzigerjahren von einem afro-brasilianischen Kautschukzapfer namens Raimundo Irineu Serra begründet, der durch peruanische Indio-Schamanen in den Gebrauch von Ayahuasca eingeführt worden war. Er empfing eine Vision von einer Frau auf dem Mond, die sich selbst als „Königin des Waldes" beschrieb und ihn anwies, eine Kirche zu gründen, in der das Trinken von Ayahuasca-Tee die zentrale Zeremonie sein sollte. Als Meister Irineu 1971 starb, fiel die Leitung der neuen Kirche Padrinho Sebastião zu, einen anderen Kautschukzapfer mit hochentwickelten medialen Fähigkeiten, der die religiöse Gemeinschaft weiter organisierte. Nachdem sie zunächst am Stadtrand von Rio Branco am oberen Amazonas ansässig gewesen waren, etablierte sich tiefer im amazonischen Regenwald, in der Nähe von Mapiá, nach und nach eine Gemeinschaft, in der gegenwärtig 400 Leute auf ihrem Land leben und sich voll und ganz einer nachhaltigen Lebensweise und den spirituellen Praktiken der *Santo Daime* widmen. Mitglieder und Leiter der Kirche reisen regelmäßig nach Europa und in die Vereinigten Staaten, wo sie mehrere Zentren mit florierenden Gemeinschaften haben.

Der Tee wird *Daime* genannt (was übersetzt heißt „Gib mir", es ist also eine Bitte um göttlichen Segen). Es gibt keine geschriebenen Texte, die Lehren oder Lehrmeinungen vorgeben. Es gibt keine Predigten. Es gibt Bücher mit Hymnen, die Dutzende einfacher frommer Lieder enthalten, welche die göttlichen Kräfte des Kosmos und der Natur preisen und dazu ermahnen, ein gutes Leben zu führen. Die Worte und Melodien dieser Hymnen, so sagt man, seien durch die Gründer und die Ältesten der Kirche übermittelt worden. Diese Lieder werden von den Leuten gesungen, die an den Zeremonien teilnehmen. Nachdem sie den *Daime*-Tee getrunken haben, singen die Teilnehmer diese Lieder, während sie gleichzeitig in einfachen Vier-Schritt-Bewegungen nach links und rechts tanzen. Das Singen und Tanzen wird von drei oder vier Musikern mit Gitarren und Rasseln begleitet, und die Position und Ausrichtung der Tänzer wird genau überwacht und geleitet. Männliche und weibliche Zeremonienteilnehmer, die weiß und dunkelblau gekleidet sind, werden in gegenüber liegenden Reihen im Raum positioniert. Zur Aufrechterhaltung der Struktur wird eine nach innen gerichtete Konzentration empfohlen. Wenn es Leuten schlecht wird oder sie in Ohnmacht fallen, erhalten sie Unterstützung und dürfen den Raum verlassen, bis sie zurückkehren können.

Ich habe mehrere Male an *Santo-Daime*-Zeremonien teilgenommen und viele Mitglieder der Kirche getroffen, sowohl Brasilianer als auch Nordamerikaner. Auch hier scheint es wichtiger zu sein, gemeinschaftliche Ekstase und ein Gefühl der Verbundenheit mit allem Leben zu erzeugen, als individuelle Visionen zu verfolgen. Trotzdem gibt es auch andere Zeremonien, in denen die Teilnehmer lediglich in stiller Meditation sitzen, ohne Musik. Die *Santo-Daime*-Zeremonien erinnerten mich an die *Gospel*-Gebetstreffen in den USA, mit ihrem überschäumenden Gesang, Klatschen der Hände und ihrem Stampfen und Schwingen.

Die *União Do Vegetal (UDV)* Kirche wurde 1961 ebenfalls von einem Kautschuk-Zapfer, José Gabriel da Costa, gegründet. Die UDV beschreibt sich selbst als eine „christlich-spiritistische" Religion, die *Hoasca*-Tee als eine Form der Kommunion bei ihren Gottesdiensten benutzt. Sie haben mehrere hundert Anhänger in verschiedenen Ländern, auch in Europa. Ihre Zeremonien sehen ganz anders aus. Wenn die *Santo-Daime*-Zeremonien Gospel-Zusammenkünften gleichen, sind diejenigen der *UDV* eher wie protestantische Kirchentreffen. Die Teilnehmer sitzen auf Stühlen mit geraden Rückenlehnen in Reihen in einem Raum bei Tageslicht, mit einer hellen Lichtkugel an der Decke. Sie lauschen den Predigten, die von älteren Mitgliedern des Klerus gehalten werden, und die an einem langen Tisch in der Mitte sitzen. Nichts an dieser Anordnung ist dazu geeignet, nach innen zu gehen und Visionen zu suchen. Einige der *Maestres*, die am Tisch sitzen, werden Lieder singen, Predigten halten und manchmal Fragen beantworten, aber alle anderen sitzen lediglich auf ihren Stühlen und beten schweigend. Ich habe auch an mehreren dieser Zeremonien teilgenommen und fand in mir keinerlei persönliche Resonanz. Sie erinnerten mich an eine Mischung aus protestantischen Gottesdienst und einem Treffen der Anonymen Alkoholiker. Wie erwähnt schien es keinerlei Interesse an den Visionen zu geben, welche die Teilnehmer möglicherweise erlebten. Dennoch möchte ich sagen, dass dies lediglich meine persönliche Haltung ist, und ich respektiere die gute soziale Arbeit, welche die UDV in ihren Gemeinden leistet, indem sie Alkoholismus und Drogenmissbrauch bekämpft und zur Übernahme von Verantwortung für Familie und Kinder ermutigt.

Die dritte der brasilianischen Kirchen, *Barquinia* (abgeleitet von dem Bild einer Barke, einem Wasserfahrzeug, ähnlich der buddhistischen Idee eines Schiffs, um den

Ozean der Illusionen zu überqueren) ist bezogen auf die Anzahl der Mitglieder viel kleiner als die beiden anderen, und ich habe persönlich nur ein oder zwei Treffen dieser Kirche besucht. Sie steht eher der brasilianischen Spiritistenreligion *Umbanda* nahe, die das Kultivieren medialer Verbindungen zu ehemaligen Geistführern und Lehrern und den afro-brasilianischen Gottheiten, die *Orixas*, mit einbezieht. In diesen Kirchen gibt es einen Altar in der Mitte des Raumes und eine Gruppe Musiker, die kraftvolle rhythmische Musik spielt. Nachdem das Ayahuasca eingenommen wurde, umrunden die Gläubigen tanzend den zentralen Altar, rufen die *Orixas* an und singen heilende und festliche Lieder. Im Gegensatz zu den *UDV-* und *Santo-Daime*-Kirchen, die über zahlreiche Zweigniederlassungen in Nordamerika und Europa verfügen, ist die *Barquinia* außerhalb Brasiliens nur wenig bekannt.

Elemente hybrider entheogener Zeremonien

Während der letzten drei Jahrzehnte war ich Teilnehmer-Beobachter in einer Vielzahl von Kreisritualen, sowohl in Europa als auch in Nord- und Südamerika, bei denen Hunderte von Personen an kontinuierlichen Zeremonien teilnahmen, viele von ihnen mehrfach. Die in diesen Zirkeln verwendeten entheogenen Substanzen umfassten *Psilocybe*-Pilze, Ayahuasca, San-Pedro-Kakteen, Iboga, LSD, Meskalin, MDMA, 2C-B und andere. Mein zentrales Interesse galt dabei der Beschaffenheit der psychospirituellen Transformationen, welche die Teilnehmer dieser Kreise durchlebten. Ich werde mich daher auf diejenigen Kreisrituale beschränken, deren hauptsächliches Interesse und Absicht psychospirituelle Heilung und Wachstum sowie visionäre Erfahrungen waren. Ich werde in meine Erörterungen nicht Gruppenzeremonien wie *Raves* oder ähnliche Veranstaltungen einbeziehen, die bis zu einem gewissen Grad mit psychospirituellen Absichten einhergehen mögen, deren Hauptzweck jedoch der Freizeitgenuss ist.

Wie schon erwähnt, gibt es in den einheimischen und den Mestizen-Ritualen mit Pilzen und Ayahuasca, ebenso wie in den brasilianischen Kirchen, keine Absichtserklärung oder gar eine Vorbereitung. Gerade dies ist jedoch üblicherweise ein sehr wichtiger Aspekt und unterscheidender Faktor der gegenwärtigen Praxis, neben der Kultivierung einer respektvollen, spirituellen Haltung. Erfahrene entheogene Forscher verstehen die Bedeutung des Vorhabens (*Set*) und widmen daher der Klärung ihrer Absichten in Bezug auf Heilung und Weissagung die gebührende Aufmerksamkeit. Sie verstehen ebenso die Bedeutung der Rahmenbedingungen (des *Settings*) und verwenden daher viel Sorgfalt darauf, Ort und Zeit friedvoll zu gestalten, voll natürlicher Schönheit und frei von äußeren Ablenkungen oder Unterbrechungen.

Viele empfanden die folgende ungefähre Richtlinie als hilfreich: Widme der *Vorbereitung und anschließenden Integration* gleich viel Zeit wie der *eigentlichen Zeremonie*. Deshalb verbrachten diese Gruppen bei einer typischen, vier Stunden dauernden entheogenen Erfahrung etwa vier Stunden mit der Vorbereitung und vier Stunden mit der Integration. Wenn die Zeremonie, wie meistens, in einem Gebäude stattfindet, sollten neben anderen Objekten auch Kerzen auf den Altar gestellt werden, aber generell sollte man schwache Beleuchtung oder Halbdunkel bevorzugen und/oder Augenbinden benutzen, um den Fokus der Aufmerksamkeit nach innen zu unterstützen.

In den hybriden therapeutisch-schamanischen Kreisritualen werden die folgenden Elemente aus traditionellen indigenen Kreisen bis zu einem gewissen Grad bewahrt, obwohl es eine breite Variation in der Komplexität und den Einzelheiten der Struktur gibt. Wir werden jede von ihnen der Reihe nach beschreiben:

1. Die Struktur eines Kreises, in dem die Teilnehmer entweder sitzen oder liegen; 2. Die Anrufung der Geister; 3. Die Klärung der Absichten für Heilung und/oder Visionen; 4. Zeremonieller Altar, Amulette und Talismane; 5. Die Rolle des Gebets, Mantra und Mudra; 6. Singen und Musik; 7. Das Format des Rats und die Praxis mit dem „Sprechstab"; 8. Die Rolle des Ältesten, Leiters oder Führers; 9. Egalitäre Gruppen mit abwechselnder Leitung.

Die Gegenwart eines erfahrenen Ältesten oder Leiters, manchmal zusammen mit einem oder mehreren Assistenten, der die Zeremonie leitet und den Fluss der Erfahrung und die Sicherheit der Teilnehmer überwacht, ist bei weitem das verbreitetste Format. In den meisten Situationen sind die spezifischen rituellen Elemente, die vom Leiter angeboten werden, stillschweigend akzeptierte Aspekte der Struktur. In selbstorganisierenden Gruppen mit rotierenden Leitern werden diese Elemente idealerweise vorab übereinstimmend entschieden, um ablenkende und konfliktbeladene Diskussionen, beispielsweise über die Wahl der Musik, zu vermeiden.

1. **Die Kreisstruktur.** Eine der ältesten und universellsten menschlichen Formen der Kommunikation und Gemeinschaft ist das Format, bei dem eine Gruppe von Menschen in einem Kreis zusammenkommt. Die Ritter der Tafelrunde von König Artus benutzten diese Form, um ihren Bruch mit der hierarchischen Form von Kirche und Königtum zu symbolisieren. Die indianischen Ureinwohner benutzen sie ebenso für alle ihre politischen Ratsversammlungen. In einem Kreis kann jeder jeden gleich gut sehen und hören, egal, ob es sich nun um einen politischen Rat oder eine spirituelle Zeremonie handelt. Auch wenn es zeitweilig eine Art Leitung oder Führungsrollen gibt, wie bei den Peyote-Zeremonien der Native American Church, befinden sich alle grundsätzlich im Kreis. Die Teilnehmer sitzen vielleicht auf dem Fußboden oder auf Stühlen, aber keiner sitzt auf einem Thron, und es gibt keinen Priester, der mit dem Rücken zur Gemeinde steht. Die Teilnehmer können kreisförmig angeordnet sitzen oder liegen, oder sie wechseln zwischen Sitzen und Liegen.

Wenn sie sich hinlegen, wird den Teilnehmern normalerweise empfohlen, mit ihrem Kopf zur Mitte und den Füßen nach außen gerichtet zu liegen; wenn sie sitzen, mit den Füßen untergeschlagen. Der Grund dafür ist, dass gemäß den Yoga-Lehren die Ausscheidung von toxischen Energierückständen abwärts und nach außen durch die Füße und Beine erfolgt, da die reinigenden Energien von den Lichtzentren über dem Kopf nach unten fließen. In Indien sitzt man, wenn man sich trifft, um eine Rede eines spirituellen Lehrers zu hören, immer mit gekreuzten Beinen, so wie der Guru; auf diese Weise werden solche toxischen Elemente in die Erde ausgeschieden und neutralisiert. Wenn es in der Mitte einen Altar mit heiligen Objekten, Kerzen und Blumen gibt, werden die toxischen Energien nach außen gelenkt, während die Teilnehmer in der Mitte psychisch und energetisch „ihre Köpfe zusammenstecken".

In entheogenen Gruppenzeremonien sitzen manche Teilnehmer, je nach Vorliebe, vielleicht mit überkreuzten Beinen (wiederum mit untergeschlagenen Füßen) und an eine Rückenstütze gelehnt. In manchen Zeremonien wechseln die Teilnehmer ab zwischen einer liegenden Haltung, in der sie ihre inneren Visionen mit geschlossenen oder bedeckten Augen verfolgen, und dem Sitzen im Kreis mit Fokus auf das Feuer oder den Altar in der Mitte. In manchen Gruppen singen die Teilnehmer auch, wenn sie an der Reihe sind, mit oder ohne Trommelbegleitung oder Rassel; oder sie sprechen, vielleicht mit einem Sprechstab oder Objekt in der Hand. Im Zuge der Verbreitung von Ayahuasca-Zeremonien im Westen und Norden hat es sich für die meisten Menschen als zweckmäßig erwiesen, eine sitzende Position einzunehmen, wie es in den lateinamerikanischen Ayahuasca-Sitzungen üblich ist – oft in einem großen Sitzsack oder einem anderen Sessel. Dies aus dem folgenden praktischen Grund, dass möglicherweise ohne Vorwarnung Episoden mit plötzlichem Erbrechen auftreten, die gewisse Probleme in Bezug auf Reinigung und Körperpflege mit sich bringen können, wenn die Person sich erst aus einer liegenden Position heraus aufrichten muss.

Bei vielen oder den meisten Reisegruppen liegen oder sitzen verheiratete Paare üblicherweise nebeneinander im Kreis, was ganz natürlich erscheint. Dennoch habe ich beobachtet, dass verheiratete Paare in lange bestehenden Gruppen aus erfahrenen Reisenden die weise Entscheidung treffen können, nicht nebeneinander zu liegen. Die subtilen Energiefelder von Paaren tendieren dazu, ineinanderzugreifen und sich zu vermischen, was die Wahrnehmung und die Interpretationen der Dinge, die wahrgenommen und empfunden wurden, durcheinanderbringen könnte. Ein Zeremonienteilnehmer ist dann möglicherweise nicht in der Lage zu unterscheiden, ob die Bilder und Gedanken-Gefühls-Muster, die er entheogen wahrgenommen hat, die eigenen oder die des Partners sind. Die räumliche Trennung erleichtert eine solche zeitweilige Loslösung, auf die am Schluss natürlich ein erneuertes Zusammensein folgt.

2. **Die Anrufung der Geister.** Das Anstimmen von Gesängen oder das Sprechen von gebetsähnlichen Anrufungen am Beginn einer Zeremonie mit entheogenen Substanzen ist unter den indigenen Benutzern wie auch bei den Ayahuasca-Kirchen nahezu universell verbreitet. Es fehlt hingegen bei den Sitzungen, die auf klinischen und wissenschaftlichen Paradigmen basieren – obwohl manche

Teilnehmer vielleicht im Stillen ihre eigenen privaten Gebete sprechen. Gemäß meinen Beobachtungen in den letzten 30 Jahren bei hybriden Gruppenzeremonien – wie ich sie nenne –, werden gebetsähnliche Anrufungen selten angeboten, mit Ausnahme der Kreise, die eine Ritualform von ihren eigenen indianischen Zeremonie-Lehrern übernommen haben oder denen, die mit der einen oder anderen neuheidnischen Gruppe verbunden sind, die in Amerika und Europa aktiv sind. Das liegt eventuell an dem anhaltenden Unbehagen vieler Westler gegenüber expliziten Ausdrucksformen religiöser oder spiritueller Konzepte oder Überzeugungen. Manche hegen offenbar die verborgene Frage oder den Vorbehalt: „Aber ich glaube doch nicht wirklich an Geister – oder doch?" Für mich selbst, der ich mit der normalen, agnostischen, materialistischen Weltanschauung des 20. Jahrhunderts aufgewachsen war und die Erfahrung eines drogeninduzierten Zustandes zunächst als wissenschaftliches Experiment betrachtet hatte, dauerte es recht lange, die Möglichkeit der realen Existenz von Geistern zu akzeptieren.

Es gab mehrere entscheidende, konvergierende Einflüsse, welche die Entwicklung meiner erweiterten Weltanschauung maßgeblich beeinflusst haben. Einer davon war meine Teilnahme am *Agni-Yoga*-Meditationstraining: Im Laufe der Zeit entwickelte sich dabei die hellsichtige Wahrnehmung von Geistwesen und subtilen, nichtmateriellen Energiefeldern auf natürliche, wenn auch intermittierende Weise als Folge der Praxis. Ein weiterer Einfluss war die Erfahrung auf den Visionssuchen in der Wildnis, die Stephen Foster und Meredith Little von der *School of Lost Borders* in der Mojave-Wüste in Südkalifornien durchführten. Ich war beeindruckt und erfreut darüber, auf wie einfache und bodenständige Weise Stephen und Meredith die Geister der Wüste und der Pflanzen und Tiere „einberiefen", während sie auf dem Boden saßen, eine Feder und eine Rassel hielten und Rauch verteilten, der aus einer Muschel mit glimmendem Salbei aufstieg. Da gab es keine Spur einer künstlichen oder angenommenen Heiligkeit. Sie schienen es als selbstverständlich anzusehen, dass man mit den Naturgeistern ebenso einfach sprechen konnte wie mit Verwandten am Telefon. Man wählt nur die Nummer – und die „Nummer", die man wählt, ist der *Name* des Geistwesens, das man anruft. Auf diesen Visionssuchen in der Wildnis nahmen wir keine Substanzen irgendwelcher Art, sondern wir fasteten – so dass wir nicht von

Mutmaßungen darüber abgelenkt wurden, ob wir nun einen sogenannten „Drogeneffekt" wahrnahmen.

Ein dritter Einflussbereich war für mich die Verbindung mit dem Anthropologen und Pädagogen Michael Harner und das Lernen von ihm, der seinen akademischen Ruf durch die ausdrückliche Bestätigung der erfahrbaren Wirklichkeit von Geistern aufs Spiel setzte. Er sagte, dass die Geisterwesen, mit denen man sich in Träumen oder in Visionen oder auf schamanischen Reisen verbinden kann, real sein können, ohne diese als „Halluzinationen" oder „Illusionen" oder auch nur als „Symbole" zu kategorisieren. Harners und Fosters Haltung zu Visionen von Geistern veranschaulichen den „radikalen Empirismus" von William James oder den „Empirismus der Selbsterfahrung" des Dalai Lama. In diesem Sinne habe ich über die Jahre eine Praxis entwickelt, bei der die Geister am Beginn jeder entheogenen individuellen Sitzung oder jedes Gruppentreffens explizit angerufen werden.

Ich habe einige solche dichterische Gebets-Anrufungen veröffentlicht, möchte jedoch betonen, dass ich nicht empfehle, solche Gebets-Anrufungen abzulesen, es sei denn, es dient der Vorbereitung einer eigenen individuellen Reise. Innerhalb von Gruppen ist es viel besser, wenn die führende oder leitende Person die Anrufung derjenigen Geister vornimmt, mit denen sie eine persönliche Verbindung etabliert hat, und es vermeidet, irgendwelche Geister anzurufen, mit denen keine persönliche Verbindung aus eigener Erfahrung besteht. Das wäre so, als ob man über jemanden sprechen würde, wie wenn man mit ihm persönlich vertraut und befreundet wäre – während man in Wahrheit nur von ihm gehört hat. Die oft gestellte Frage „Glaubst du an Geister?" ist ebenso irrelevant wie „Glaubst du an Leute?". Wichtiger ist, dass man diejenigen Wesen und Personen anruft, die man selbst getroffen hat, und man dafür offen ist, anderen zu begegnen. Dann ist man selbst nicht verwirrt oder blockiert durch selbstkritische Urteile darüber, ob man es nur „erfindet".

In meinem Buch *Alchemistische Divination* (S. 53–68) gebe ich eine detaillierte Beschreibung der sieben Phasen der Divinationsrituale, auf die ich mich hier beziehe. Nochmals: Es ist wichtiger, dass man diejenigen Geister anruft, mit denen man bereits eine Verbindung hergestellt hat oder eine anhaltende

Beziehung führt, als dass man sich mit „allen Geistern" verbindet. Letzteres könnte tatsächlich eine gewisse Gefahr mit sich bringen, denn man kann nicht davon ausgehen, dass einem alle Geister zwangsläufig wohlgesinnt sind – so wie man auch nicht annehmen sollte, dass dies bei allen Menschen oder Tieren, denen man begegnet, der Fall ist.

Die erste Gruppe von Geistern, die man anruft und mit denen man sich verbindet, sind die *Geister der vier Himmelsrichtungen*, die *Geister des Ortes* und die *Geister der Zeit*. Die Geister der vier Himmelsrichtungen sind planetarische Geister, deren Reichweite sogar bis über den Planeten Erde, das Sonnensystem und die dahinter liegende Galaxie hinaus ausgedehnt sein mag. Durch das Anrufen der Geister der vier Himmelsrichtungen, das mit dem Osten beginnt, gefolgt vom Süden, Westen und Norden (in Richtung des Sonnenlaufs, wie es unsere heidnischen Freunde nennen), lokalisieren wir uns an dem spezifischen und besonderen Ort, an dem wir uns auf der Erde gerade befinden. Indigene Kulturen und Traditionen auf der ganzen Welt beginnen ihre Zeremonien und Treffen immer mit Gebeten an die Geister der vier Himmelsrichtungen. Natürlich beziehen sich diese Gebete, die innerhalb verschiedener Traditionen und an verschiedenen Orten gesprochen werden, auf unterschiedliche symbolische Elemente, Farben und Qualitäten der Himmelsrichtungen.

Mit den Geistern des besonderen Ortes in Übereinstimmung kommen und sie ehren. In der antiken römischen Kultur hatte jeder Ort seinen eigenen Schutzgeist, den *genius loci*. Die besonderen Formen und Kräfte des Ökosystems, der Landschaft und der Wasserwege eines Ortes, die Pflanzen, Tiere und Menschen, die an diesem Ort leben, verleihen ihm einen einzigartigen Charakter, den wir ehren und respektieren wollen.

Harmonisieren mit den Geistern der planetarischen Kreise der Zeit. Genauso wie bestimmte Orte mit bestimmten Geistern oder Gottheiten verbunden sind, sind es auch die Zyklen der Zeit. Es macht einen Unterschied, in welcher Phase des Tages wir unsere Meditation und Divination durchführen: Traditionellerweise ermöglicht das abendliche Zwielicht eine Öffnung zwischen den Welten, und die Nacht wird allgemein als günstiger für hellsichtiges „Sehen" betrachtet als der Tag. Wenn sich unsere Seite der Erde von der Sonne abwendet, dehnt sich das Bewusstsein in den Kosmos aus, und wir erblicken die Sterne, die wir nicht sehen können, wenn wir durch das Sonnenlicht des Tages geblendet sind. Die aktuelle Phase des Mondzyklus und der Jahreszeiten-Zyklus mit den vier großen kosmischen Toren der Sonnenwende und Tagundnachtgleiche beeinflussen ebenso grundlegend die Qualität und Wirksamkeit unserer Meditationen, Träume und Divinationen.

Im Gegensatz zu den Tiergeistern und den Geistführern sind unsere Beziehungen zu den Geistern der vier Himmelsrichtungen, des Ortes und der Zeit nicht persönlicher Natur: Wir suchen nicht ihre Hilfe und ihren Rat für unsere Projekte, sondern wir bringen uns mit ihnen in Einklang und harmonisieren uns mit ihnen, um uns den Umständen, in denen wir uns befinden, in Demut anzupassen.

Anrufung der spirituellen Begleiter aus der Tierwelt. Die Tiergeister, vielfach als „Krafttiere", „Geisttiere" oder „Totemtiere" (wenn sie mit einem ganzen Stamm verbunden waren) bezeichnet, sind seit Beginn der Frühzeit der Jäger und Sammler des Steinzeitalters die Verbündeten, Führer und Lehrer der Schamanen. Wir sprechen hierbei nicht unbedingt von der Anrufung eines bestimmten Tieres, das wir lieben, wie einem Haushund oder einer Katze (obwohl man diese auch in die Anrufung einbeziehen kann), sondern eher vom Geist oder der Gottheit einer wilden Tierart – von *Büffel* oder *Wolf*, nicht von diesem oder jenem einzelnen Büffel oder Wolf. Das Wort „wild" steht in Verbindung mit dem Wort „Wille" – die wilde Kreatur ist „eigen-willig" und autonom und nicht der Zähmung oder dem Willen eines anderen unterworfen. Indem wir unsere Verbindung und Freundschaft mit Tiergeistern kultivieren, erinnern wir uns an unser eigenes wildes und indigenes evolutionäres Erbe auf dem Planeten Erde.

Tiere sind, wie Arthur Young gesagt hat, die großartigen Experimente der Natur zur Bewegung. Und so stellen wir fest, dass Tierverbündete uns helfen können, wenn wir lernen sollen, uns flexibler zu bewegen, ob nun physisch oder emotional und geistig, weg von fixierten Positionen und Mustern. Ich empfehle, dass man in der schamanischen und alchemistischen Praxis bestrebt ist, eine Beziehung zu einem Verbündeten aus jeder Hauptklasse der Tiere zu entwickeln: von den Säugetieren zu Lande und zu Wasser, den Reptilien, Amphibien,

Vögeln und Insekten – sie alle sind spezialisierte Lehrer für evolutionäre Strategie und ökologische Anpassung.

Anrufung der helfenden Pflanzen- und Pilzgeister. Während Tiere die unmittelbaren evolutionären Vorfahren und Verwandten der Menschheit sind, sind Pflanzen und Pilze die beiden anderen Reiche des vielzelligen Lebens auf diesem Planeten. Große Netzwerke aus symbiotischen Wechselbeziehungen und gegenseitigem Austausch verbinden die Lebensreiche der Tiere, Pflanzen und Pilze untereinander. In dem großartigen Tanz der Atmosphäre atmen die Tiere den Sauerstoff ein, den die Pflanzen ausatmen, und die Pflanzen absorbieren das Kohlendioxyd, das die Tiere ausatmen – ein komplexes Gebilde an Beziehungen, das der Mensch heutzutage auf katastrophale Weise zerstört. Pflanzen wachsen und produzieren die Nahrung, welche die Tiere ernährt; Säugetiere, Vögel und Insekten fressen und transportieren die Samen und Pollen, was den Pflanzen ermöglicht, sich zu verbreiten; Pilze zersetzen totes Pflanzen- und Tiermaterial und ernähren die Wurzeln von Bäumen durch ihr weitverzweigtes unterirdisches Myzel.

Indem wir uns mit den Geistern der Pflanzen- und Pilzwelt verbinden, ehren wir die Nahrung, die Medizin und auch die Inspiration durch die Schönheit, die uns aus diesen Reichen zuteil werden. Für schamanisch und alchemistisch Praktizierende sind die Geister der bewusstseinsfördernden, wahrnehmungsverstärkenden entheogenen Pflanzen und Pilze von besonderem Interesse. Die Geister derjenigen Pflanzen und Pilze oder Medizinsubstanzen, die als bewusstseinserweiternde Mittel an der Zeremonie beteiligt sind, sollten ausdrücklich gewürdigt werden. Es ist, als ob wir uns auf eine Reise begeben würden, begleitet von einem Freund, mit dem wir schon vorher gereist sind, und wir erinnern uns selbstverständlich an unsere Freundschaft und Zusammenarbeit. Wir können viele Lektionen von Pflanzen- und Pilzgeistern lernen, insbesondere jedoch diejenigen über Wachstum und Verbundenheit, über das Erweitern und Nähren unserer Beziehungen mit Menschen und mehr-als-menschlichen Wesen und Lebensformen in den vielfältigen Welten des Lebens auf dem Planeten Erde.

Anrufung der Geister der Mineral- und Elementarwelten. Die Wissenschaft anerkennt die auf Kohlenstoff basierenden Lebensformen auf der Ebene von

Einzellern und Mikroben, zieht aber beim Reich der Mineralien die Grenze zum Nicht-Lebendigen. Indigene schamanische Traditionen und ihre Mythologien ebenso wie hermetische und esoterische Lehren anerkennen eine lebendige Geist-Intelligenz auch in den anorganischen Welten. Aus diesem Reich kommen das materielle Substrat und das Fundament zur Entwicklung des Lebens und der von Menschen gebauten Umgebung. Mineralische Elemente sind Ausgangsmaterial für Nahrung und Arzneien für den Menschen, Kristalle in Mikroskopen und Teleskopen verstärken die Wahrnehmung von normalerweise unsichtbaren Welten der Natur, wertvolle Steine inspirieren unseren visuellen Sinn für Schönheit. Metallische Minerale sind die Hauptquellen für unsere Technologien und für die Werkzeuge des Wissens und der Wissenschaft, der Kunst und Kultur und der Zerstörung und des Krieges. Wertvolle Steine und Metalle liefern in fast allen modernen Gesellschaften einen Vorrat an Reichtum und sind das Medium für die Währungen.

In den schamanischen und alchemistischen Traditionen betrachtet man die Geister der Steine und der Erde – die in der nordischen Mythologie *Gnomen* oder *Zwerge* genannt werden – nicht als mitfühlende Führer oder persönliche „Vertraute", wie Tier- und Pflanzengeister es sein können. Die Erd-Stein-Geister, ebenso wie die der anderen Elemente von Wasser, Luft und Feuer, sind jedoch wegen ihrer Autonomie und Kraft anerkannt und respektiert, und man kann sich mit ihnen in Einklang bringen und von ihnen lernen.

Die alten Alchemisten nannten ihren Wissensfundus den „Stein der Weisen", oder auch den „Wasserstein der Weisen". Wir können und sollten lernen, uns der tiefen und komplexen Verbindungen, die wir Menschen zu diesem Reich haben, bewusster zu werden und ihnen mehr Aufmerksamkeit entgegenzubringen – insbesondere auch deswegen, weil wir es zulassen, dass unsere Besessenheit von Waffentechnologien die Fundamente unserer Zivilisation zerstört.

Anrufung der Geister unserer Ahnen und menschlichen Beziehungen sowie der Ältesten, Geistführer und Gottheiten. Das Bewahren und Kultivieren der Verbindungen mit den Geistern verstorbener Vorfahren ist wahrscheinlich das bedeutungsvollste Merkmal, durch das sich die schamanische indigene

Weltanschauung von der modernen unterscheidet. Ich war bei vielen indianischen Zeremonien dabei und habe den Ältesten zugehört, wie sie die Geister ihrer Vorfahren anriefen und sie um ihren Segen baten, so natürlich und offenkundig, als würden wir unsere noch lebenden Eltern um ihren Segen bitten.

In meiner psychotherapeutischen Praxis weiß ich es mittlerweile sehr zu schätzen, dass die Verbindung und Versöhnung mit verstorbenen Ahnen und Familienmitgliedern – wie in der systemischen Mehrgenerationen-Familientherapie – einen außerordentlich heilenden Einfluss haben können. Ebenso wie wir um unsere Kinder und Enkel besorgt sind und das Beste für sie wollen und sie auf ihren Lebenswegen leiten möchten, sind unsere Vorfahren, die uns sehr gut kennen, um uns besorgt und unterstützen uns beim Umgang mit den Herausforderungen des Lebens. Aber unsere Ahnengeister können sich nicht mit uns verbinden, wenn wir nicht empfänglich sind oder abschätzige Haltungen ihnen gegenüber einnehmen, und erst recht nicht, wenn wir glauben, dass sie nicht mehr existieren, weil sie „tot" sind. Wir können sie also mit schlichter, elementarer Dankbarkeit und Respekt für den Lebensfaden, den wir von ihnen empfangen haben, anrufen – ohne darüber zu urteilen, ob sie „gute" oder „schlechte" Menschen waren.

Die Verbindung mit unseren genetischen Vorfahren führt uns auf natürliche Weise dazu, dass wir auch unsere anderen *menschlichen Beziehungen* anrufen. Die Verwandten der Familie, des Stammes und der Volkszugehörigkeit sind die, mit denen unser Leben von Geburt an verwoben ist. Diese Beziehungen, die unsere Entwicklungsjahre dominieren, werden oft im Zentrum unserer Divinationsfragen stehen, wenn wir uns darum bemühen, dysfunktionale Muster zu heilen, die im Schmelztiegel des Familienlebens geschmiedet wurden. Darüber hinaus gibt es Beziehungen als „Wahlverwandtschaften" sowie die Beziehungen der romantisch-erotischen Liebe und Partnerschaft, der Freundschaft und Kollegialität, der Kooperation und Gemeinschaft. Jeder von uns lebt in einem offenen Netz aus zwischenmenschlichen Beziehungen, Gemeinsamkeit und Austausch. Die Grenze unseres Netzwerks menschlicher Beziehungen ist durch den Namen gegeben: Obwohl wir allen menschlichen Wesen mit gleichem Respekt begegnen können und sollen, *sind unsere Verwandten diejenigen, die wir mit Namen kennen* und die uns mit unserem Namen anreden und mit denen unser Leben in vielfältiger Weise verwoben ist.

In ähnlicher Weise bitten wir auch um den Segen unserer *spirituellen Vorfahren und der Älteren*, Mentoren, Lehrer und Führer unter den Menschen, deren Lebensweisheit uns inspiriert hat und weiterhin inspiriert. Manche dieser spirituellen Vorfahren und Lehrer sind vielleicht Tausenden oder Millionen bekannt – Buddhisten rufen Gautama Buddha und ihre buddhistischen Lehrer und Gurus an, Christen beten zu Jesus von Nazareth, seiner Mutter Maria und anderen Heiligen und Weisen, mit denen sie verbunden sind. Andere unter unseren Ältesten und Mentoren sind vielleicht nur wenigen bekannt – was zählt, ist die spirituelle Verbindung, die wir persönlich zu ihnen haben. Wir können auch menschenähnliche Geistführer anrufen, mit denen wir eine Verbindung haben, die wir nur durch innere meditative Erfahrungen kennen, jedoch nicht in der Raumzeit-Welt unserer historischen Realität.

In dieser Phase der Vorbereitung auf die Divination rufen wir auch die *Götter und Gottheiten* an, zu denen wir eine Beziehung der Führung, Beratung oder Inspiration haben oder haben möchten. In der polytheistischen, animistischen Weltanschauung der indigenen Völker und unserer eigenen Vorfahren in alten Zeiten betrachtet man die Wesen, die man Götter und Göttinnen bezeichnet, als real existierend, genauso wie verstorbene menschliche Vorfahren wirklich existieren – in einer anderen, aber nicht absolut getrennten Welt. In unserer Zeit haben viele Individuen eine spirituelle Verbindung mit einer oder mehrerer dieser Gottheiten entwickelt und kultiviert, die aus europäischen, asiatischen, afrikanischen oder indianischen Mythologien bekannt geworden sind. Im Zuge der spirituell-feministischen Renaissance unserer Zeit haben sich viele Frauen (und Männer) zum Beispiel mit Bildern der Göttin beschäftigt – sei es nun *Isis, Shakti, Kwan Yin* oder eine andere ihrer zahllosen Verkörperungen –, die ihre künstlerische, kreative und spirituelle Praxis inspirieren. Ich selbst hatte, wie ich in *Der Brunnen der Erinnerung* schrieb, eine Lehrer- und Ratgeberbeziehung zu Odin, dem weisheitssuchenden nordischen Gott der Schamanen und Dichter.

Man kann Götter und Göttinnen als die Vorfahren, spirituellen Führer und Lehrer eines ganzen Volkes, einer Kultur oder einer religiösen Gemeinschaft betrachten. Ihre Erscheinung in unseren Visionen und Meditationen und in der Darstellung in der religiösen mythischen Kunst aller Kulturen ist menschenähnlich, jedoch größer, und in ihren Züge vermischen sich gelegentlich menschliche und tierische Merkmale, so wie in den ägyptischen und alten europäischen Bildwelten und Mythologien. Wie unsere verstorbenen Vorfahren existieren sie in den höheren Dimensionen jenseits unserer menschlichen Welt aus Zeit und Raum, wo wir mit ihnen in unseren Träumen und Divinationen kommunizieren können.

Die mannigfaltigen Dimensionen des Planeten Erde und des Kosmos sind bevölkert von überdimensionalen Geistwesen, Göttern und Göttinnen, deren Vielfalt, Brillanz und Macht unvorstellbar sind. Wie könnte es auch anders sein angesichts dessen, was wir inzwischen über die unermessliche Weite und Vielfalt der Sterne und Planeten im Universum wissen? In der heutigen Zeit, in der unsere Zivilisation mit globalen Herausforderungen von noch nie dagewesener Schwierigkeit und Dringlichkeit konfrontiert ist, sind die alten Legenden von Gottheiten, die unter den Menschen auf der Erde wandeln und mit ihnen kommunizieren, zu neuem Leben erwacht: Tausende (vielleicht Millionen) von Menschen in allen Kontinenten haben berichtet, dass sie Raumschiffe (UFOs) gesehen haben, die offensichtlich nicht von unserer Welt sind und friedlich über unseren Himmel ziehen. Tausende (vielleicht Millionen) haben vom Kontakt und der Kommunikation mit fremden Wesen (Außerirdischen) berichtet, die von Sternensystemen und Planeten jenseits der Erde stammen. Bei einigen dieser Kontakte kam es zu Begegnungen und Interaktionen in der physikalischen Raum-Zeit-Dimension, bei anderen fand der Kontakt und die Kommunikation in der Zwischenwelt statt, in Träumen, Visionen oder meditativen Zuständen des Bewusstseins.

Wenn wir während unserer Divinationspraxis solchen gottähnlichen Wesen aus einer anderen Welt begegnen, sollten wir uns ihnen gegenüber so verhalten, wie wir es auch anderen autonomen Wesen gegenüber tun, ob nun menschlich oder nicht-menschlich, in der Raum-Zeit-Welt oder jenseits davon – mit

Gleichmut, Respekt und Mitgefühl. Indem wir in leuchtend feuriger Bewusstheit zentriert bleiben, können wir sehr klar in einen kommunikativen Austausch treten, der für unsere Intentionen und Fragen relevant ist, und so die Verstrickung mit irdischen oder außerirdischen Wesen vermeiden, die manipulierende oder ausbeutende Absichten hegen.

3. **Das Klären und Artikulieren der Absichten und Fragen.** Zu allen Divinationsmethoden gehört ein Prozess, in dem man nach Antworten auf Fragen sucht oder sich auf eine Absicht konzentriert. Man könnte sagen, dass die Absicht oder Intention in vielerlei Hinsicht ein Schlüssel zum Verständnis eines jeden Bewusstseinszustands ist. Studien mit EEG-Aufnahmen bei wachen Teilnehmern haben gezeigt, dass bereits Sekundenbruchteile vor einer Bewegung, die sie als Antwort auf einen Befehl ausführten, eine bestimmte Wellenform in einer spezifischen Hirnregion registriert wurde. Jeder Bewusstseinszustand (ob „verändert" oder „alltäglich") lässt sich am besten verstehen, wenn man die Frage nach der Absicht oder der Intention stellt, die der Bewusstseinsveränderung vorausging oder sie begleitete. Die Intention oder das „Interesse", wie William James es nannte, kontrolliert die selektive Funktion der Aufmerksamkeit, welche wiederum bestimmt, was wir überhaupt wahrnehmen. Wenn unsere Aufmerksamkeit und damit auch unsere Wahrnehmung nicht durch bewusste Intention oder Interesse gelenkt wird, dann kann sie gefangen oder gar gefesselt werden – durch anziehende, intensive, anhaltende oder auffällige Stimuli, die wir wahrnehmen. Die Kernformel lautet somit wie folgt:

Intention (Interesse/Frage/Wunsch/Absicht) → Aufmerksamkeit → Bewusstheit

Eine Frage stellen ist die grundlegende Geste der Empfänglichkeit und somit auch ein Weg, unsere Aufmerksamkeit selektiv auszurichten. Die Intention und die Frage sind also zwei alternative Wege, unsere Aufmerksamkeit und Wahrnehmung sowohl in alltäglichen als auch in veränderten Bewusstseinszuständen zu lenken. Hier gibt es eine dynamische (*yang*) und eine empfangende (*yin*) Polarität: Die Intention/Absicht ist eher fokussiert, lenkend, suchend; und die Frage ist eher offen, empfangend, sammelnd. Wir können den Ausgangspunkt einer Divination auf die eine oder andere Art formulieren. In einer Heilungs-Divination kann ich sagen: „Ich möchte (oder beabsichtige) diese Wunde oder diese Beziehung (zu) heilen" oder ich kann fragen, „Wie kann ich diese Wunde oder Beziehung heilen?" In einer Divination, bei der es darum geht, in die Zukunft zu sehen, kann ich sagen: „Ich möchte dieses Projekt aufbauen oder gestalten", oder ich kann fragen: „Wie kann ich dieses Projekt aufbauen oder gestalten?"

Diese beiden Arten, unsere Aufmerksamkeit bei einer Divination einzusetzen, kann man auch mit den uralten Vorgehensweisen der Jäger und Sammler vergleichen: Die Intention ist ähnlich wie das Anpirschen und Aufspüren des Jägers, während die Frage dem Suchen und Zusammentragen des Sammlers gleicht. Der *Pfeil der Intention* ist eng fokussiert auf das Ziel – ob Erinnerung oder Vision. Der *Korb des Suchens und Forschens* ist weitmaschig und offen für das Empfangen von Information, ob nun aus der Vergangenheit oder der Zukunft.

Wir können auch die technologischen Metaphern eines *Teleskops* und einer *Antenne* benutzen, um die zwei Zustände des Suchens zu vergleichen. Absichtliches Fokussieren begrenzt, so wie bei einem Teleskop, und gleichzeitig wird dabei die Wahrnehmung des Ziels vergrößert und verstärkt. Auf der anderen Seite nehmen wir eine Art Antennensystem in Betrieb, indem wir die „Empfangsantenne" der Aufmerksamkeit auf ein breites Spektrum von Situationen richten, und erhöhen damit unsere Chancen, die für unsere Suche relevanten Informationen wahrzunehmen.

Die Klärung der eigenen Intention/Absicht ist der Hauptschlüssel, um sichere und ergiebige Erfahrungen in jedem Bewusstseinszustand zu machen, einschließlich meditativer oder psychedelischer Zustände, wie auch in „gewöhnlichen" Zuständen der alltäglichen funktionalen Aufmerksamkeit. Daher kann man sagen, dass die eigene innere Vorbereitung für jede divinatorische Befragung mit der Klärung der eigenen Absichten und Fragen beginnt. Es ist nicht besonders wichtig, dass die Intentionen/Fragen anderen mitgeteilt werden – dies ist je nach Art und Format der Sitzung verschieden. In der *Einführung* habe ich die sechs häufigsten Intentionen/Fragen bei entheogenen Reisen (reiner Freizeitkonsum ausgenommen) erwähnt: Unterstützung von Heilung oder Psychotherapie; Unterstützung bei der Überwindung von Sucht; Vorbereitung von Sterbenden auf ihren letzten Gang; Verständnis der Zustände und Dimensionen des Bewusstseins; Erweiterung der Kreativität und verstärkte Offenheit gegenüber religiöser/mystischer Erfahrung.

Üblicherweise ist es am besten, sich nur auf ein einzelnes Thema oder eine Frage zur gleichen Zeit zu fokussieren. Während des individuellen Divinationsprozesses, während der Integrationsphase oder in einer nachfolgenden Divination mit der gleichen Thematik können zusätzliche Fragen zum gleichen Thema gestellt werden. In entheogenen Sitzungen kann der Suchende typischerweise eine Frage oder eine Reihe von Fragen im Sinn haben, ob nun zur Heilung, für Visionen oder beides. Die Antworten werden möglicherweise während des Verlaufs der Reise empfangen, manchmal direkt am Anfang oder manchmal auch am Ende der Reise oder sogar erst danach in einem nächtlichen Traum. Wenn man eine klare Divinationsfrage gestellt hat, kann dies als Referenzpunkt dienen und dabei helfen, ansonsten unklare oder anscheinend bedeutungslose Teile der Erfahrung zu interpretieren oder zu verstehen.

Sinnvollerweise kann man zwischen der *Divinationsphase* und der *Integrationsphase* unterscheiden. In der Divinationsphase beobachtet man die Antworten, die man auf die gestellte Frage erhält, und interpretiert diese Antwort vorläufig noch nicht. In einer individuellen Therapiesituation kann die Interpretation unmittelbar besprochen oder betrachtet werden. Während eines Divinationsrituals in der Gruppe ist es jedoch normalerweise besser, sich die erhaltene Vision/Antwort lediglich zu merken und die Interpretation und Analyse auf einen späteren Zeitpunkt zu verschieben, wenn die Wirkung der Droge abgeklungen ist und die normalen geistigen Fähigkeiten zurückgekehrt sind. In der Integrationsphase könnte der Therapeut fragen, oder die Person sich selbst die Frage stellen: „Welche Antwort habe ich auf meine Frage erhalten, und welche Auswirkungen hat die Antwort auf mich und auf meine Lebenswelt?"

4. **Zeremonieller Altar oder Tisch.** Es gibt zwei Variationen eines zeremoniellen Tisches oder Altars, den heutige entheogene Kreisrituale verwenden: Der Altar kann auf dem Boden in der Mitte des Kreises aufgebaut sein oder der Altar befindet sich auf einem Tisch in der Nähe. Während der Zeremonie

kann man dort Objekte wie Kerzen, besondere Steine, Kristalle, Federn oder andere bedeutsame Gegenstände platzieren, begleitet von gesprochenen oder stillen Gebeten. Das Grundprinzip des Tisches oder Altars ist, dass er einen Ort für heilige Kraftobjekte bereitstellt, die der Schamane und die Teilnehmer zur Zeremonie mitbringen und die sie auch während der Zeremonie benutzen oder in der Hand halten können. Diese Objekte sollen die spirituelle Intention und Aufmerksamkeit der einzelnen Teilnehmer fokussieren und spirituelle Kraft zur Gruppenzeremonie hinzufügen.

In den Zeremonien der südamerikanischen Kulturen, die den San-Pedro-Kaktus benutzen, gibt es einen Tisch mit einer „dunklen" und einer „hellen" Seite. Verschiedene Objekte und Symbole können darauf gelegt werden, um einerseits die schützenden, wohlwollenden Geister und andererseits die zerstörerischen, böswilligen Geister zu symbolisieren oder anzurufen, mit der Intention, beide mit Achtsamkeit und Respekt im Gleichgewicht zu halten. Eine solche Anerkennung der gleichberechtigten realen Existenz „dunkler Geister" oder „dunkler Energie", die in indigenen und östlichen Kulturen üblich ist, löst bei Westlern Unbehagen aus – vermutlich aufgrund der langen und komplexen Geschichte der europäischen Inquisition und ihrer jahrhundertelangen Verfolgung der sogenannten Hexerei und Zauberei. Heutige westliche Suchende arbeiten daher möglicherweise bevorzugt mit den Elementen und Symbolen nach C. G. Jung, indem sie Objekte oder Darstellungen benutzen, die man „Schatten-Aspekte" der Psyche nennt.

Der Tisch oder Altar verbindet die modernen entheogen Reisenden im übertragenen Sinn mit den eigenen heilenden und beratenden Geistern und Personen. Daher kann ein solcher Tisch oder Altar Bilder von geliebten Menschen, Vorfahren, Kindern, Lehrern, Ratgebern enthalten – immer sind dabei sowohl die bereits Verstorbenen als auch die Lebenden einbezogen. Manche Teilnehmer bringen Bilder oder Objekte, die in Verbindung mit diesen Verwandten stehen, die der Reisende für eine besondere Heilung, für Schutz oder Unterstützung anrufen möchte. Manche entscheiden sich für Bilder von spirituellen Lehrern, Heilern und Beratern – wie zum Beispiel Jesus, Maria, Buddha, Kwan Yin, Isis und Osiris, von christlichen Heiligen, Erleuchteten, mythischen Gottheiten oder persönlichen spirituellen Ratgebern.

Wer in den schamanischen Praktiken und der schamanischen Trommelreise erfahren und geübt ist und bereits eine Verbindung mit dem einen oder anderen Krafttier (oder Geisttier oder Totemtier) hergestellt hat, kann Objekte auf den Altar legen, die mit diesem Tier verbunden sind – wie Knochen, Federn, Klauen, Teile des Fells, Horn, Elfenbein, Zähne und anderes; andere werden Objekte mitbringen, die von Pflanzen abstammen oder Pflanzenteile enthalten – wie Blätter, getrocknete Blüten, Wurzeln, Samen, Blattstiele, Zweige, Rinde oder anderes; andere wiederum bringen vielleicht Objekte aus der Welt der Mineralien – wie Steine, Juwelen, Kristalle und andere. All diese persönlich bedeutsamen Objekte können in ihrer rauen und unbearbeiteten Form – oder verarbeitet zu Körperschmuck wie Armreifen, Schals, Ringe, Armbänder, Kopfbänder, Anhänger oder Ähnliches – auf den Altar gelegt werden.

Manche Praktiker bevorzugen es, ihre heiligen Kraftobjekte in einer besonderen Tasche oder einem Beutel bei sich zu tragen, so wie es die meisten Indianer machen; sie enthüllen und zeigen sie nur während der Zeremonie und halten sie in der Hand, während sie ihre Gebete sprechen. Andere legen vielleicht ein Objekt auf den Altar, das sie im täglichen Leben benutzen – eines, dem sie spezielle schamanische Kraft und Bedeutung verleihen wollen. In einigen Zeremonien tragen die Teilnehmer vielleicht ihre ausgewählten Objekte am Körper oder nahe am Körper, oder es ist ein tragbares Objekt.

Objekte, die schamanisch Praktizierende als „Kraftobjekte" und einige indianische Traditionen als „Totems" bezeichnen, sind auch in den westlichen Traditionen der Wicca, der Hexenkultur und der zeremoniellen Magie als *Amulette* und *Talismane* bekannt. Diese können aus Materialien mineralischen, metallischen, tierischen oder pflanzlichen Ursprungs bestehen und können beschriftet, mit Gravur versehen oder in Anhängern, Halsketten, Beuteln oder Ähnlichem verschlossen sein, die am Körper getragen werden. Der Hauptunterschied besteht darin, dass Amulette als Schutz gelten – gegen dunkle Geister oder Einflüsse von anderen oder der Umgebung –, während Talismane, die auch *touch-stones* („Berührungssteine") genannt werden, auf einfache Weise die Verbindung des Individuums mit den höheren Geisteswelten bestärken.

Edelsteine und Halbedelsteine werden oft als Amulette und Talismane benutzt, sowohl einzeln als auch miteinander kombiniert. Der violette Amethyst gilt traditionellerweise, ob nun physisch oder psychisch, als Schutz gegen Vergiftung, Infektion und Rausch. Edelsteine wie Diamanten, Rubine, Smaragde und Saphire sowie die Edelmetalle Gold und Silber haben alle eine jahrtausendealte Geschichte, was ihren Wert bei Heilungszeremonien betrifft, und können auf verschiedene Weise in schamanischen und entheogenen Zeremonien als Talismane eingesetzt werden. Bestimmte medial veranlagte oder empfindsame Personen können die sich bewegenden, schillernden Energieströme, die mit Edelsteinen, Kristallen und Metallen verbunden sind, spüren oder sehen. Solche Energieströme können in den durch Entheogene induzierten erhöhten Bewusstseinszuständen sichtbar werden, insbesondere für empfängliche Personen.

Ich erinnere mich an einen Vorfall aus meinen frühen Forschungen mit psychoaktiven Substanzen, der mir auf dramatische Weise den Wert eines Amuletts oder Glückssteins vor Augen führte. Es war eines meiner ersten Experimente mit dem Rauchen von DMT. Während ich den psychoaktiven Rauch inhalierte, fand ich mich in einer wirbelnden, wolkenähnlichen Masse wieder, ohne erkennbare Wahrnehmung einer Richtung oder körperlichen Identität. Ich trug einen Ring mit einem Amethyst an meinem Finger. Als ich, ohne Absicht oder Anleitung, die Berührung meines Fingers mit diesem Ring spürte, wurde meine Aufmerksamkeit von einer Art Seil oder Faden eingefangen, der mich sofort zum Ring an meiner Hand und in meinen am Boden sitzenden Körper zurückzog. Es versteht sich von selbst, dass ich von der Kraft des Objektes beeindruckt war, mich wieder sicher mit der Erde zu verbinden.

Der sogenannte *Churinga-Stein* wird von einigen australischen Aborigines-Stämmen im Sinne eines Talismans oder Glückssteins benutzt. Üblicherweise ist das ein flacher, polierter Stein oder ein Holzstück, das in eine Hand passt. Es kann mit Totem-Abbildungen graviert sein oder geheimen geografischen Codes, die den Wüstenwanderern ermöglichen, den Weg in ihre Stammesländer zu finden. Entheogen Forschende, die auch auf Visionssuche in der Wildnis gehen, finden es hilfreich, solche Amulette, Glückssteine und Talismane in ihre Praxis zu integrieren.

Wenn der Altar in der Mitte eines Kreises aufgebaut wird, benutzt man üblicherweise ein dekoratives Tuch mit einem Objekt wie einer Kerze oder einem Kristall in der Mitte sowie in jeder der vier Himmelsrichtungen. Manche Gruppen markieren jede der vier Himmelsrichtungen mit einem zusätzlichen Objekt (Kerze, Kristall) irgendwelcher Art. Objekte, die jedes der vier Elemente repräsentieren, können um den Altar herum gelegt werden: Federn für das Luftelement, eine Kerze für Feuer, kleine Äste mit Blättern und/oder Früchten und Blumen für das Erdelement und eine Schale mit Wasser. Es können außerdem auch andere Figuren in die Mitte gestellt werden – als religiöse Zeichen je nach den Vorlieben des Zeremonienleiters und denen der Teilnehmer.

Es gibt spezielle tragbare Feuerstellen für den Gebrauch in Innenräumen auf einem Tisch oder einem flachen Ort in der Mitte, die geruch- und rauchlose Flammen produzieren (sie werden kommerziell für den Grill-Markt hergestellt). Die Teilnehmer können dann ihre meditative Aufmerksamkeit auf das Feuer in der Mitte richten, wie bei den traditionellen Peyote-Zeremonien, bei denen man in das Feuer in der Mitte starrt. Das konstante und sich doch ständig verändernde Licht einer brennenden Flamme ist bei allen Arten von Zeremonien seit uralten Zeiten das bevorzugte Objekt spiritueller Konzentration und Symbolik.

Bei manchen Zeremonien steht vielleicht eine Feuerschale neben einer Schale Wasser in der Mitte. Die Teilnehmer üben dann das Starren auf das Feuer und das Wasser nebeneinander. In meinem Buch *Die Erweiterung des Bewusstseins* (S. 22) zeige ich einen alchemistischen Stich aus dem 17. Jahrhundert mit dem Titel „Die Vereinigung von Feuer und Wasser", der als symbolische Darstellung dieses Prozesses, den man auch *Conjunctio* nennt, verstanden werden kann. Es zeigt zwei Figuren, die sich von Angesicht zu Angesicht gegenübersitzen, mit menschenähnlichen Köpfen, aber fließenden Energieströmen anstelle von menschlichen Körpern und mit weiteren Energieströmen, die ihre Oberköpfe miteinander verbinden. Ich interpretiere dieses Bild als eine Darstellung des yogischen Prozesses der Vereinigung der männlichen/feurigen Yang- und der weiblichen/fließenden Yin-Energien innerhalb des Körpers. Man kann also durch das Schauen auf das physikalische Feuer und Wasser in der Mitte des Kreises den inneren Prozess der alchemistischen *Conjunctio* ganz bewusst und absichtlich mit der äußeren Wahrnehmung von Feuer und Wasser nebeneinander verbinden.

Bei manchen entheogenen Zeremonien ist das Errichten eines Altars in der Mitte mit der Bekanntgabe der Intentionen verbunden. Die Teilnehmer legen ihr Objekt dabei der Reihe nach auf das Altartuch in der Mitte und erklären ihre Absichten für Heilung und Vision und sprechen Gebete, die sie für ihre Verwandten oder ihre Gemeinschaften ausdrücken möchten. Sie können etwas dazu sagen, was das Objekt, das sie auf den Altar legen, für sie bedeutet und ihre spezifischen Gottheiten oder Geistführer anrufen. Ich sollte jedoch noch anführen, dass man die Identität seines schamanischen Krafttiers oder Geistführers gemäß Michael Harners Beobachtungen in weltweiten schamanischen Kulturen besser vor Fremden geheim halten sollte. Dieses Wissen könnte einem feindlich gesinntem Zauberer oder Schamanen einen psychischen Vorteil oder ein schadenbringendes Werkzeug verschaffen. Abhängig vom Kontext können Gebete und Anrufungen also laut oder leise murmelnd zu sich selbst gesprochen werden.

5. **Die Rolle von Gebet, Mantra und Mudra.** Der Gebrauch von Mantras und Gebeten, ob man sie nun laut spricht oder still zu sich selbst, sind Schlüsselelemente, durch die sich eine absichtsvolle entheogene Praxis vom Freizeitgebrauch psychedelischer Drogen unterscheidet. Einige entheogene Zirkel haben eine bestimmte Gebetsform als Teil der Anrufung am Beginn einer Zeremonie angenommen, ob sie nun buddhistisch, christlich, jüdisch oder heidnisch ist. Bei Zirkeln mit heidnisch inspirierten Zeremonien und schamanischen Trommelreisen kann das anfängliche Gebet die Anrufung einzelner Gottheiten oder Geistführer einschließen, zu denen der Reisende eine Beziehung aufgebaut hat. Einige Gruppen benutzen vielleicht das christliche Vaterunser oder andere poetische Ausdrucksweisen einer betenden Haltung wie zum Beispiel aus der wunderbaren Sammlung *Earth Prayers From Around the World* (herausgegeben von Elizabeth Roberts und Elias Amidon).

Mantra im eigentlichen Sinne des Wortes bedeutet eine Art Instrument sowohl zur Anrufung (zum „Herbeirufen") der Verbindung mit einer spezifischen Gottheit als auch zur Kultivierung einer besonderen Haltung wie

Demut oder Ehrfurcht. Man glaubt, dass bei solchen Mantras sowohl der semantische Inhalt als auch die eigentliche akustische Vibration des Mantras spirituelle Bedeutung haben. Einige der bekanntesten mantrischen Anrufungen, die in entheogenen wie auch anderen spirituellen Zeremonien benutzt werden, sind: *O Great Spirit, Ave Maria, Om Mani Padme Hum, Om Nama Shivaya, Kyrié Eléison, Tat Tvam Asi, La Ilaha Illa'llah*. Darüber hinaus haben Tausende, vielleicht Millionen oder Hunderte von Millionen Gläubige diese Mantras im Laufe der Geschichte wiederholt, und diese stetige Wiederholung hat ihnen inzwischen eine enorm kumulative spirituelle Kraft hinzugefügt.

In Welten des Bewusstseins – Welten der Wirklichkeit (S. 44) beschrieb ich die Praxis, bei der man leise zu sich selbst das spricht, was wir in unseren Kreisgruppen das *Moses-Mantra* nennen:

> Als Moses, wie in der Bibel berichtet, die Vision eines Engels des Herrn in einem brennenden Busch hat und er angeleitet wird, sein Volk aus der Sklaverei in die Freiheit zu führen, überkommt ihn Unsicherheit, und er fragt: Siehe, wenn ich zu den Kindern Israels komme und spreche zu ihnen: Der Gott eurer Väter hat mich zu euch gesandt, und sie mich fragen werden: Wie heißt sein Name? Was soll ich ihnen sagen? Und Gott sprach zu Mose: ICH BIN WER ICH BIN. Und sprach: So sollst du zu den Kindern Israels sagen.
>
> *Exodus, 3*

Dieses Mantra ist also eine *Bestätigung unserer Wesensessenz*. Es beruft sich weder auf eine äußere Autorität noch beansprucht es einen Glauben, eine bestimmte Doktrin oder die Qualität unserer Person. Es ist einfach in unserem essenziellen Sein verankert.

In der Praxis des indischen Yoga des Tons (*Shabda Yoga*) gibt es sogenannte „Keim"-Silben, die als *Bija-Mantras* bekannt sind; es sind offene Vokale, die als Teil eines längeren Mantras oder als Teil eines langgezogenen Gesangs intoniert werden können. Diese haben keine linguistische Bedeutung im üblichen Sinne; sie sind aber dazu gedacht, bestimmte Chakras zu aktivieren. Das bekannteste Beispiel ist das *Bija-Mantra OM* oder *AUM*, das, wie oben angegeben, Teil einer Gebetsphrase sein kann oder wie ein langgezogener Ton. Man sagt, dass das *OM* oder *AUM* die Einheit des Individuums mit dem Göttlichen und dem Kosmischen ausdrückt und dieser Einheit Energie verleiht. Andere Keim-Mantras sind *RAM, HUM, VAM, TRAM, HRIH*.

Die Theorie und Praxis des Mantra-Singens und -Intonierens, die Beziehung zu Klangfrequenzen und die Verbindungen zwischen Vibrationen und Dimensionen des Bewusstseins sind ein weites Feld und sprengen bei weitem den Umfang dieses Buches, dessen Fokus auf den Praktiken in Verbindung mit Medizinkreisen liegt. Den interessierten Leser verweise ich auf die ausgezeichneten Lehren und Schriften von Silvia Nakkach, Don Campbell und Jonathan Goldman zu diesem Thema. In den Kreisen, an denen ich beteiligt bin, haben wir es uns zur Gewohnheit gemacht, einige der bekanntesten Mantras gemeinsam zu intonieren. Wir tun das als Anrufung zu Beginn einer Zeremonie und auch während der Sitzung nach einem gewissen Zeitraum innerer Erkundung. Das bewirkt, dass man den Visionen, die man gesehen hat und vielleicht noch sieht, eine zentrierte Haltung hinzufügt, eine Art Mantra-induzierte Achtsamkeit mit rechtshirnigem, holistischen Fokus, ohne Ablenkung auf linkshirnige verbale Beschreibungen.

Handhaltungen, die in der indischen und buddhistischen Tantra-Praxis als *Mudras* bekannt sind, können ebenso zu den Mantras hinzugefügt oder während des Sitzens im Kreis praktiziert werden. Das Einnehmen einer *Mudra*-Haltung, während man ein Mantra intoniert, verstärkt beide Praktiken. Die wahrscheinlich bekannteste dieser Handpositionen ist die *Buddha-Mudra*: Man sitzt mit gekreuzten Beinen; dabei wird die linke Hand in die rechte an den Bauch gelegt, während sich die Daumen berühren, so dass der ganze Körper innerhalb eines Kreises umfangen ist. Diese *Mudras* sind uns aus Tausenden von Abbildungen, in Malereien und Skulpturen bekannt – wobei viele Betrachter vielleicht gar nicht realisieren, dass sie auch eine Praxis abbilden. Eine andere, häufig dargestellte *Mudra* in der buddhistischen Kunst zeigt die linke Hand im Schoß, während die rechte Handfläche mit den Fingern nach oben nach vorn weist: Diese *Mudra* bedeutet: „Fürchte dich nicht", weil die offene, leere Hand keine Waffe hält und somit eine Begrüßung unter Gleichen ohne Bedrohung oder Dominanz repräsentiert.

6. Singen und Musik. In den schamanischen und zeremoniellen Praktiken der Völker der nördlichen Hemisphäre in Europa, Asien und Amerika, bei denen psychogene Pflanzen oder Substanzen nur selten benutzt werden, ist es vor allem der rhythmische Schlag der Trommel, der den schamanisch Reisenden durch die veränderten, visionären Zustände begleitet – und ihn oder sie in die alltägliche Wirklichkeit zurückbringt, nachdem der Auftrag zur Heilung oder Vision ausgeführt wurde. Man sagt, dass der Schlag der Trommel „der Schlag der Hufe des Krafttieres des Schamanen" ist. Dies ist die spirituelle Technik der Trommelreise, die durch die Arbeit des Anthropologen Michael Harner und seiner Kollegen in die moderne Welt der schamanisch Praktizierenden wiedereingeführt wurde. Hierbei besteht das Trommeln nicht aus komplexen rhythmischen Mustern, wie sie in verschiedenen Formen der Musik benutzt wird. Es ist eher eine Form des „akustischen Vorwärtstreibens", bei dem der einfache Trommelschlag mit einer Frequenz im Alpha-Bereich (8–10 Hertz) die Gehirnwellen in einen natürlich entspannten und doch aufmerksamen Zustand bringt, in dem man ein ruhiges Fließen innerer Bilder beobachten kann.

Die Rolle und Bedeutung der Musik, ob nun „live" vorgeführt oder aufgenommen, ist enorm wichtig und verdient es, dass man sie mit größter Sorgfalt und Bedacht behandelt und vorbereitet. Die Melodien der Gesänge leiten die Reisenden durch die Reiche der Anderswelt, seien es nun die Gesänge der *Curandera* bei den Pilz-*Veladas* oder die *Icaros* der Ayahuasca-Schamanen oder die Gesänge des Peyote-*Roadman*. Die Gesänge der Ayahuasca- und Pilz-Schamanen werden in einem sanft schwingenden Rhythmus vorgetragen – oft ohne Worte, nur mit Silben oder Namen der Geister. Sie rufen die besonderen Geister an, mit denen der Schamane verbunden ist, und fordern sie auf, zu kommen und dabei zu helfen, die Patienten zu heilen, zu schützen und zu diagnostizieren. Die Peyote-Zeremonien der Native American Church und ähnlicher Gruppen benutzen auch Gesang, meistens begleitet von Trommeln.

Man kann beobachten, dass die Peyote-Lieder typischerweise von einem recht schnellen Trommelschlag begleitet werden, während die Gesänge in Ayahuasca- und Pilzzeremonien einen langsameren Rhythmus haben. Dies könnte mit der Tatsache zusammenhängen, dass Meskalin und andere Alkaloide in

Peyote und verwandten Kakteen chemisch zur Gruppe der Phenethylamine gehören, welche auch die verschiedenen Amphetamine umfasst, und somit tendenziell stimulierender wirken, wenn man sie mit den Tryptaminderivaten DMT und Psilocybin vergleicht. Im Allgemeinen kann man sagen, dass der repetitive, rhythmische Charakter der Gesänge und Lieder eine wesentliche Unterstützung für die Reisen durch ungewohntes psychisches Gelände darstellt. Wenn man angstvollen Visionen oder schmerzhaften Erinnerungen begegnet, erleichtert es der rhythmische Pulsschlag, sich durch die Visionen zu bewegen, seien sie nun höllischer oder ekstatischer Art, und vermindert die Möglichkeit, in Negativität, Schuld- oder Schamgefühlen steckenzubleiben.

Ich erinnere mich, dass ich bei einer meiner ersten Reisen mit Ayahuasca eine Aufnahme von *Icaros* hörte. Ich hatte sie von einem Freund erhalten, dem Anthropologen Luis Eduardo Luna, der sie während einer traditionellen Ayahuasca-Heilungszeremonie aufgezeichnet hatte. Unerwartet überschwemmte mich tiefer Kummer, als ich der sanften, warmen Stimme des Heilers lauschte, die von gelegentlichem Seufzen und Weinen einer weiblichen Stimme begleitet wurde. Nach einer Weile dämmerte es mir, dass meine Gefühle offenbar durch die *Icaros* ausgelöst worden waren und mit meinem persönlichen Leben eigentlich nichts zu tun hatten. Ich verstand sowieso nichts von der Geschichte, die auf Spanisch erzählt wurde. Als ich Eduardo später zu der Aufnahme befragte, erzählte er mir, dass die Frau, die sowohl ihren Mann als auch ihr Kind durch einen Gewaltakt verloren hatte, in der Ayahuasca-Sitzung dieses traumatische Ereignis schilderte. Der Gesang in der Stimme des Heilers war eine Art sanfter, mitfühlender Balsam, der die Tragödie der Frau akzeptierte und emporhob. Und diese Wirkung dehnte sich sogar auf eine Aufnahme aus, die zu einer anderen Zeit und an einem anderen Ort für andere Personen gespielt wurde. Dies ist einer der Gründe, die einen dazu bewegen können, Gesang oder Musik zu bevorzugen und auszuwählen, die zu einem bestimmten Anlass passen.

Ein weiteres Ereignis, das mir den äußerst praktischen Wert rhythmischer Musikbegleitung vor Augen führte, fand statt, als ich an einer Zeremonie der *Santo-Daime*-Kirche teilnahm. In diesen Zeremonien mit Ayahuasca werden stark rhythmische Hymnen gesungen, von Rasseln und Trommeln begleitet, und man bewegt sich auch nach dem Trinken des Ayahuasca-Tees gemeinsam in einem einfachen Zwei-Schritte-Muster. Wenn man in diesen Zeremonien eine schmerzhafte Erfahrung durchlebt oder sich körperlich schwach fühlt, wird man ermuntert, einfach auszusteigen und sich irgendwo in der Nähe entweder hinzusetzen oder hinzulegen. Üblicherweise wird dann jemand kommen und auf einen achten, bis man durch diesen schwierigen Punkt im Fluss der Erinnerungen und Visionen hindurchgegangen ist. Während einer Zeremonie fühlte ich mich auf einmal schwindlig und einer Übelkeit nahe und musste mich auf dem Balkon gleich neben dem Raum, in dem die *Daime*-Zeremonie mit Tanz und Gesang weiterging, zuerst setzen und dann hinlegen. Plötzlich befand ich mich in einer Schlachtfeld-Todesszene aus einem anderen Leben, mit blutigen Verwundungen. Einer der *Santo-Daime*-Heiler kam und machte einige Handbewegungen über mir, und nach ungefähr 10 bis 15 Minuten fühlte ich mich wieder besser. Für mich war es von enormer Bedeutung, dass das Tanzen und Singen im Raum neben mir, wo ich es hören und sehen konnte, ununterbrochen weiterging. Es half mir, mich nicht in dem Trauma aus einem früheren Leben zu verfangen, sondern es lediglich als tragische Szene aus einem längst vergangenen Leben zu betrachten, mit dem ich wahrnehmbar, aber nicht andauernd verbunden war. Mit anderen Worten – die Tragödie war vorbei, und ich war lebendig und wohlauf.

In den Memoiren von Ram Dass und mir – *Birth of a Psychedelic Culture* (2010) – habe ich beschrieben, wie überrascht ich war, als ich das erste Mal die psychedelische Szene im Kalifornien der Sechzigerjahre erlebte, wo Hunderte oder sogar Tausende von Leuten, die von LSD oder Pilzen high waren, zur Musik von *The Grateful Dead* oder einer der anderen Bands tanzten. Da ich nur an kleine Gruppensitzungen gewöhnt war mit Teilnehmern, die in einem Kreis lagen und langsame, meditative Musik hörten, wie die von Ravi Shankar, konnte ich mir nur vorstellen, dass solche Massenszenen sehr chaotisch und beunruhigend sein würden. Doch dann wurde mir klar, dass der kontinuierliche, alles einhüllende Klang der Musik während dieser „Acid-Tests" und „Raves" eine sichere Struktur und ein Gefäß bildete, in dem Leute tanzen und sich bewegen oder ruhig und in stiller Kontemplation sitzen konnten. Von Zeit zu Zeit saß jemand mitten unter den Tanzenden mit gesenktem Kopf auf dem Boden, vielleicht wegen schmerzhafter Erinnerungen. Meist fand sich dann ein mitfühlender Freund, der sich einfach danebensetzte und die Person hielt, bis die stürmische Phase mit Kummer und Verwirrung vorbei war. Das sichere Gefäß, die Musik, hörte nie auf zu spielen – bis zum geplanten und sanften Ende der gesamten Veranstaltung.

In den modernen, hybriden schamanischen oder entheogenen Zeremonien wählt der Gruppenleiter normalerweise die Musik aus, die gespielt wird, ob nun live oder aufgenommen. Die Auswahl kann entsprechend bestimmten spezifischen Kriterien oder Absichten für die Reise vorgenommen werden. Wie in der von Stanislav und Christina Grof entwickelten Bewusstseinstechnik ohne Substanzen, dem *Holotropen Atmen*, können verschiedene Arten von Musik für verschiedene Phasen der Reise gewählt werden. Es ist am besten, eine klare Vereinbarung darüber zu treffen, wie und von wem die Musik ausgewählt wird, weil der Einfluss der Musik beim Strukturieren des Inhalts der Erfahrung von so tiefer Bedeutung ist.

Ich habe auch gelegentlich an Gruppen ohne Leitung teilgenommen, in denen es ab und zu beunruhigende Diskussionen gab, wenn die Musik, die gerade gespielt wurde, „Bad Trip"-Reaktionen und -Assoziationen auslöste – was dann zur Forderung führte, „die Musik zu ändern". Wenn man dagegen gemeinsam vereinbart, dass eine Person die Musik auswählt, die während der Zeremonie gespielt wird, kann man solche Unstimmigkeiten wegen der Musik, die gespielt wird, vermeiden oder auf ein Minimum reduzieren. Dann kann die Person mit den negativen Assoziationen zur Musik ihre Aufmerksamkeit auf den Ursprung dieser Urteile und Assoziationen in ihrer persönlichen Geschichte richten und gleichzeitig die nicht-urteilende Achtsamkeit eines teilnehmenden Beobachters üben.

Auf der anderen Seite kann es zu Erfahrungen von sehr begrenztem Nutzen führen, wenn man die Auswahl der Musik einfach der Person überlässt, die zufällig und ohne ausdrückliche Absicht oder vorherige Vereinbarung einen Audioplayer und Aufnahmen mitgebracht hat. Ich habe an Sitzungen teilgenommen, bei denen die gespielte Musik in erster Linie laut war und aufgrund der persönlichen Vorlieben desjenigen, der die Musikanlage mitgebracht hatte, aus durchdringenden Rock- und sogar Heavy-Metal-Rhythmen bestand. Dies führte tendenziell zu einer passiv-akzeptierenden Haltung ohne eine große Unterstützung der absichtsvollen Erkundung neuartiger innerer Räume. Nur schon die hohe Lautstärke der Musik tendiert dazu, die eher subtilen akustischen und synästhetischen Wahrnehmungen zu übertönen. Andererseits gibt es Gruppen und Gruppenleiter, die absichtlich und vorzugsweise laute Musik mit treibenden Rhythmen einsetzen, weil sie glauben, dass dadurch die Abwehrstrukturen der Teilnehmer zugunsten eines Zugangs zu übernatürlichen oder primären Bildwelten verringert werden.

In den Gruppen, in denen ich öfters teilnehmender Beobachter war, haben wir herausgefunden, dass Musik mit einer gewissen Weiträumigkeit in ihrer melodischen, harmonischen und rhythmischen Struktur die optimale musikalische Unterstützung für Erforschung und Divination darstellt. Solche Musik erlaubt dem Reisenden, den aufblühenden und sich verästelnden assoziativen Bilderströmen und Erinnerungen zu folgen und unterstützt ihn dabei. Während zum Beispiel langsame Adagios von J.S. Bach ideal für friedvolle Kontemplation sind, können seine schnellen und komplexen kontrapunktischen Stücke den linkshirnigen analytischen Geist zu sehr beschäftigen und werden daher von entheogen Forschenden eher gemieden. Ein zweites Kriterium, das wir als hilfreich erkannten (in gewisser Weise das Gegenteil des ersten) bestand darin, Musik zu wählen, die westlichen Hörern weniger vertraut ist. Es ist vorteilhaft, Musik aus anderen Kulturen zu benutzen, bei der typische westliche Hörer weniger in der Lage sind, ihren linkshirnigen analytischen und assoziativen Verstand einzusetzen. Da das Ziel schlussendlich die Erweiterung des Bewusstseins ist, nutzt man sinnvollerweise den enorm erweiterten Zugang zu Musikformen aus anderen Kulturen, der heutzutage durch Tonaufnahmen zur Verfügung steht. Im Anhang meines Buches *Welten des Bewusstseins – Welten der Wirklichkeit* stelle ich eine Liste einiger Künstler und Aufnahmen zur Verfügung, die wir auf unseren Divinationsreisen als besonders inspirierend und evokativ erlebt haben.

In den hybriden entheogenen Ritualen unserer zeitgenössischen Kultur haben einige Gruppen die Praxis der Native American Church übernommen, indem die Teilnehmer im Kreis sitzend der Reihe nach singen, manchmal begleitet von Trommeln oder Rasseln. Manchmal gibt es auch Gruppen mit einem oder mehreren erfahrenen Musikern, die während der Reise nach Vereinbarung Live-Musik spielen. In entheogenen Sitzungen mit Begleitung durch Live-Musiker hat man definitiv ein anderes, „lebendigeres" Gefühl. Andererseits können sorgfältig ausgewählte Aufnahmen mit verschiedenen Stilrichtungen ein breiteres Spektrum visionärer Inhalte hervorlocken.

7. **Das Format des Rats und die Praxis des Sprechstabs.** All die verschiedenen hybriden entheogenen Ritualelemente, die bisher erörtert wurden, enthielten gespielte oder aufgenommene Instrumentalmusik oder Gesang. Ganz andere Überlegungen tauchen in Bezug auf das Sprechen während oder in der Zeremonie auf. Obwohl eine entheogen-psycholytische Einzeltherapie, wie weiter oben beschrieben, die verbale Interaktion zwischen Therapeut und Klient einbezieht, wird in der Mehrzahl der von mir so bezeichneten entheogenen Gruppenrituale das Nicht-Sprechen während der Zeremonie bevorzugt. Anfang und Ende des nonverbalen Kerns der Sitzung oder Reise sind klar markiert – was die Verbalisierung während der Vorbereitungen und bei der anschließenden Integrationsphase ermöglicht und klarstellt.

Die Gründe für die Praxis beziehungsweise die Gewohnheit des Nicht-Sprechens sind offensichtlich: Die Erweiterung der sensorischen, affektiven und bildnerischen Bewusstseinsformen während einer psychedelischen Erfahrung betrifft primär Funktionen der rechten Hirnhälfte, und der Versuch, diese in verbale Formen zu übersetzen, erfordert unweigerlich eine Anstrengung und eine Art „Herunterkommen" von der Erfahrung. Solche Versuche der mündlichen Übersetzung dürften zum Kurzschluss und der Begrenzung der psychedelischen Wirkung führen. Andererseits bilden die verbale Integration in Form von schriftlichen oder mündlichen Beschreibungen oder die Integration durch Zeichnen oder Malen nach der Erfahrung wesentliche Brücken in die normale oder übliche Existenz. Man kann nicht wissen, wie viele Gruppen in der zeitgenössischen Untergrundszene eine solche Ritualstruktur des Nicht-Sprechens einhalten, selbst wenn sie sich zur praktischen Förderung der psychospirituellen Entwicklung mit Psychedelika verpflichtet haben.

Ich erinnere mich, dass wir dieses Prinzip in den frühesten Tagen der psychedelischen Forschungen in unseren Harvard-Projekten nicht verstanden hatten und Sitzungen mit lebhaften Dialogen und Unterhaltungen durchführten. In unseren dialogorientierten Memoiren *Birth of a Psychedelic Culture*[1] führen Ram Dass und ich mehrere Beispiele dieser frühen Gruppensitzungen an, in denen Unterhaltungen in der Gruppe zu verwirrenden oder regelrecht chaotischen Gruppensitzungen führen konnten – obwohl sie auch von heilenden Einsichten und Momenten großer Heiterkeit begleitet sein konnten. Da die auditive Wahrnehmung so enorm verstärkt und sensibilisiert ist, kann es leicht passieren, wenn Leute während einer Gruppensitzung leise miteinander sprechen oder flüstern, dass paranoide „Bezugsvorstellungen" ausgelöst werden, bei denen die Person vielleicht denkt: „Warum flüstern sie – flüstern sie vielleicht über mich?" Im Allgemeinen führt also die Praxis des Nicht-Sprechens – während der begrenzten Zeitdauer des Rituals – zu sinnvolleren Sitzungen.

Dies ist eines der Sicherheitselemente in der Struktur eines psychedelischen Gruppenrituals, das am besten vorher diskutiert und von allen Teilnehmern gutgeheißen werden sollte, insbesondere dann, wenn es keinen eindeutigen Leiter oder Führer für den gesamten Ablauf der Reise gibt. In den Zuständen enorm erhöhter Sensitivität und Beeinflussbarkeit, die sich mit Psychedelika einstellen, ist dieser Faktor der entscheidende Unterschied zwischen einer Struktur, die inneren Erkundungen zur Heilung dient oder einer, die zu ängstlichem Rückzug und paranoider Abwehr bei einem oder mehreren Teilnehmern führt.

Die Gruppenritualform, die als *Council* oder „Ratskreis" bekannt geworden ist und meist mit einem *Sprechstab* abgehalten wird, ist eine Praxis, die ihren Ursprung anscheinend bei den amerikanischen Indianern hatte und in den *New-Age*-Kreisen während der achtziger Jahre populär wurde. Varianten dieser Methode wurden in verschiedenen ökologischen und politischen Aktivisten-Gruppen weiterentwickelt. In solchen Gruppen gibt es öfters keine eindeutigen „Leiter". Da dient die Ratskreis-Struktur dazu, allen Teilnehmern zu ermöglichen, gleichberechtigt zu Wort zu kommen und auch Entscheidungen zu treffen. Die Essenz der rituellen Struktur besteht darin, dass die Teilnehmer in einem Kreis sitzen und ein Stab herumgereicht wird, der manchmal mit Federn dekoriert ist. Manche Gruppen benutzen auch ein anderes Objekt,

---

[1] Die deutsche Übersetzung erscheint 2017 im Nachtschatten Verlag.

das herumgereicht wird, zum Beispiel einen Kristall, einen Stein oder ein geknüpftes Stück Seil.

Wer auch immer dieses Objekt in den Händen hält, spricht, und alle anderen hören zu – respektvoll und aufmerksam, ohne Fragen zu stellen, ohne zu diskutieren und ohne irgendwelche Antworten zu geben. In vielen Kreisen können die anderen einfach „Ho" oder „Aho" als Bestätigung sagen, nachdem jemand gesprochen hat, und dann wird der Stab an die nächste Person weitergereicht. Ich habe persönlich beobachtet, wie durch den gleichbleibenden Respekt und die Aufmerksamkeit für jeden Teilnehmer im Kreis selbst zurückgezogene, schüchterne oder unerfahrene Personen unerwartete Blüten partizipatorischer Genialität hervorbringen können.

In den frühen Neunzigerjahren nahm ich sowohl in den Vereinigten Staaten als auch in Australien an mehreren Workshops und Konferenzen mit Joanna Macy und John Seed teil. Joanna und John hatten ein Workshop-Format für Gruppen entwickelt, das sie *Council of All Beings* nannten, mit der Absicht, Umweltschützern und anderen Aktivisten zu ermöglichen, über die Entfremdung hinauszugehen und in der spirituellen Verbindung mit der Erde neue Inspiration zu finden. Ihre Arbeit ist in den Büchern *Denken wie ein Berg*, *Ganzheitliche Ökologie* und *Die Konferenz des Lebens* beschrieben. Der Gebrauch von bewusstseinserweiternden Substanzen zählt nicht zu den Praktiken in Macys Workshops. Doch meine Kollegen und ich fanden diese Struktur außerordentlich bedeutsam und hilfreich für die Ratskreis-Formate mit Entheogenen. Die Vision und die Notwendigkeit von neuen, erfahrbaren und spirituellen Verbindungen mit der natürlichen Welt tauchten völlig unabhängig voneinander in vielen verschiedenen Personen und Gruppen auf der ganzen Welt auf.

Es gibt zwei Varianten des *Ratskreis*-Prozesses – beide mit Vor- und Nachteilen. In der traditionellen Ratskreis-Form wird der Sprechstab oder das Objekt herumgereicht, jede Person sagt, was sie sagen möchte oder will, und das Objekt wird dann an die nächste Person weitergegeben. Ein Nachteil dieser Methode ist, dass Teilnehmer, die eigentlich nicht bereit sind, etwas zu sagen, einen gewissen Druck empfinden, sich etwas einfallen zu lassen. Dieses Problem kann verhindert werden, wenn klar gemacht wird, dass man nicht sprechen muss – und man kann den Sprechstab dann einfach an die nächste Person weitergeben.

Bei dem anderen Format, das man auch *Ratsversammlung* nennen könnte, wird der Sprechstab oder das Sprechobjekt in die Mitte des Kreises gelegt oder dort gehalten, und wer immer sich zum Sprechen inspiriert oder bewegt fühlt, nimmt ihn auf. Diese Methode ist nicht ganz so integrativ wie der Kreis, hat aber den Vorteil, dass diejenigen, die sprechen, sich bewusst dafür entscheiden, weil sie etwas zu sagen haben, und nicht nur deshalb, weil man es von ihnen erwartet.

Das Ratskreis-Format wird in vielen unterschiedlichen Gruppen und Gemeinschaften angewendet. Das Buch *The Way of Council* von Jack Zimmermann und Virginia Coyle gibt eine gute Übersicht über die verschiedenen Anwendungen dieser Methode, die in Gemeinschaften, Schulen, im geschäftlichen Umfeld, in therapeutischen Gruppen oder Familiensystemen anwendbar ist. In seiner Essenz ist der *Ratskreis* eine Praxis des offenen, herzlichen Ausdrucks und des aufmerksamen empathischen Zuhörens.

Viele, wenn nicht die meisten Gruppen, die Psychedelika für spirituelle innere Erforschung und Heilung einsetzen, haben ein Ratskreis-Format in einer der beiden Varianten für ihre Rituale übernommen. In den hybriden schamanisch-therapeutischen Gruppen, mit denen ich am besten vertraut bin, benutzt man das Rat-Format sowohl am Anfang, wenn die Teilnehmenden ihre Intentionen und Heilungsabsichten aussprechen, als auch am Schluss, wenn sie beschreiben und vermitteln, was sie gelernt haben und was sie in ihr Leben integrieren werden.

Die Kreis- oder Rat-Ritualformen können zusätzlich zu ihrem Einsatz für wörtliche Mitteilungen vor und nach der Zeremonie auch während der Zeremonien eingesetzt werden, um zu singen, oder ein Musikinstrument zu spielen, wie zum Beispiel Gitarre. Besonders wenn es begabte Musiker in der Gruppe gibt, kann dies eine besonders wirksame Möglichkeit sein, die visionären Gaben und Inspirationen, die während der Sitzung empfangen wurden, miteinander zu teilen und zu verstärken. Ein Hauptvorteil des nonverbalen Singens oder des *Toning*, der Klangerzeugung, in entheogenen Erfahrungen liegt darin, dass es den Fokus der Erfahrung in der rechten Hirnhälfte aufrechterhält und die Rückkehr zur normalen, verbalen Beschreibung auf den Zeitpunkt verschiebt, an dem die Hauptwirkung der Substanz abgeklungen ist.

In den entheogenen Gruppen-Divinationszeremonien, an denen ich beteiligt war, hat sich folgende Kombination als die fruchtbarste herauskristallisiert: Während der Sitzung selbst gibt es Zeiträume, in denen die Teilnehmer in einem Kreis in meditativer Haltung sitzen und das Mantra *OM* ertönen lassen oder *Toning*, (offene Vokalklänge), entweder mit oder ohne Begleitung durch eine Tambura oder ein ähnliches Instrument. Solche Perioden des aufrechten Sitzens und des *Toning* wechseln dann ab mit Perioden, in denen man sich hinlegt und jeder seine individuellen inneren Heilungsprozesse verfolgt, unterstützt durch Musik und/oder geführten Meditationen. Gegen Ende der Zeremonie kann es dann eine Runde geben, in der die Leute etwas äußern, das sie von ihrer Reise mitbringen und den anderen mitteilen.

8. **Die Rolle des Ältesten, Leiters oder Führers.** Es existiert ein ganzes Spektrum an Möglichkeiten der Führung; es reicht von individueller psychedelischer Psychotherapie innerhalb eines medizinischen/psychiatrischen Rahmens über locker strukturierte selbstorganisierte Gruppensitzungen psychedelischer Forscher bis hin zu individuellen Heilungssitzungen mit Schamanen, die traditionelle Pflanzenmedizinen einsetzen, und religiösen Zeremonien in einer der brasilianischen Ayahuasca-Kirchen. In den meisten traditionellen Zeremonien – wie denen mit Ayahuasca, Iboga oder San Pedro – und in vielen zeitgenössischen hybriden schamanisch-therapeutischen Gruppen führt grundsätzlich der Gruppenleiter die Zeremonie durch; er entscheidet auch über die Zeiteinteilung und andere Details des Rituals, das Bereitstellen der Medizinen, die verbale Anleitung, die Wahl der Musik und den Umgang mit Störungen oder negativen Reaktionen. Man geht davon aus, dass die leitende Person über mehr Erfahrung in der Durchführung von Zeremonien verfügt und dass sie typischerweise von den einzelnen Teilnehmern beauftragt und bezahlt wird. Man könnte es mit der Gepflogenheit vergleichen, einen erfahrenen Führer durch das Gebirge oder die Wildnis zu engagieren, der das örtliche Terrain kennt. Er oder sie bestimmt die Routen, die genommen werden,

die Vorsichtsmaßnahmen, die benötigte Ausrüstung etc. Er oder sie kümmert sich auch um die verbale und stimmliche Begleitung für die inneren Erforschungen der Teilnehmer.

Westler, die an Ayahuasca-Zeremonien teilnehmen, die von den Mestizo-Schamanen Amazoniens geleitet werden, könnten sich mit jemandem wiederfinden, der kein Englisch spricht oder versteht, jemand, der lediglich die Medizin austeilt und seine traditionellen heilenden *Icaros* singt, und dann ist die Zeremonie vorbei. Westlich ausgebildete Personen, die traditionelle Zeremonien oder das, was ich hybride schamanisch-therapeutische Kreise nenne, für andere Westler anbieten, werden üblicherweise eine intensivere Vorbereitung vor der Zeremonie und integrative Gespräche danach anbieten.

In den vergangenen zwanzig Jahren gab es in den westlichen Ländern eine Zunahme des „Ayahuasca-Tourismus", bei denen sich Personen und Gruppen in bestimmten Städten in Peru, Ecuador und Brasilien zusammenfanden und nach Ayahuasca-Sitzungen mit einem einheimischen Führer suchten. Es sind in den westlichen Medien inzwischen genug Berichte über missbräuchliches und/oder ausbeuterisches Verhalten einiger dieser „Ritualleiter" erschienen, so dass es mittlerweile ein wachsendes Verständnis für die potenziellen Risiken in solchen Situationen gibt. Ayahuasca-Sitzungen, ebenso wie die mit anderen Entheogenen, sind Erfahrungen in einem Zustand erhöhter Aufnahmefähigkeit und Beeinflussbarkeit und können zu tiefgreifenden und heilenden Veränderungen führen, sie können aber auch verletzbar für ausbeuterische Manipulation machen, insbesondere in Bezug auf Geld und Sexualität. Der Gebrauch bewusstseinsverändernder pflanzlicher Substanzen wie Ayahuasca ist in südamerikanischen Ländern nur minimal reguliert und eingeschränkt – stattdessen gehört er zur normalen Stadtkultur und Wirtschaft der Mestizen, Tourismus eingeschlossen.

Es geht mir hier keinesfalls darum, die Würde, Integrität und Professionalität der meisten einheimischen und Mestizen-Schamanen in Südamerika oder sonstwo zu verunglimpfen. Es gibt in jedem Land und jeder Gemeinschaft korrupte und inkompetente Heiler und Therapeuten, im industrialisierten Norden ebenso wie in der tropischen Dritten Welt. Es liegt in der Verantwortung derjenigen, die einen Ritualleiter oder Heiler aufsuchen, sich sorgfältig über die Qualifikationen und Kompetenz des Heilers, den sie engagieren, zu informieren und ihn „mit gebührender Sorgfalt" auszuwählen, bevor sie sich in diesem empfänglichen psychischen Zustand jemandem anvertrauen, über den sie unmittelbar nur sehr wenig wissen.

Dies trifft ebenso auf Westler zu, die als Ritualleiter fungieren oder auftreten, als ob sie indianische oder südamerikanische Schamanen wären. Erst kürzlich suchte ein Amerikaner, mit dem ich befreundet war, meinen Rat und fragte mich, ob er an einem von einem anderen Amerikaner angebotenen Wochenend-Workshop mit Ayahuasca teilnehmen sollte, der ihm von zwei Freunden empfohlen worden war. Ich schlug ihm vor, da er sich in einem empfänglichen psychischen Zustand jemand anderem in einer unbekannten Erfahrung anvertrauen wollte, vor der Zeremonie um ein Treffen von Angesicht zu Angesicht mit dem vermeintlichen Schamanen zu bitten, um einander kennenzulernen. Dies tat mein Klient, und eine Woche später berichtete er, dass der Gruppenleiter auf seine Anfrage mit Spott reagiert hatte – er fragte ihn: „Was erwartest du? Dass ich Hörner habe, ha ha?" Unnötig zu sagen, dass mein Freund davon Abstand nahm, an der angebotenen Zeremonie teilzunehmen.

Es ist eine entscheidende Voraussetzung für Teilnehmer an einer entheogenen Zeremonie, ebenso wie bei einem Trekking in der Wildnis oder im Gebirge oder in einer individuellen Psychotherapie, dass sie dem Leiter oder Therapeuten, mit dem sie sich einlassen, vertrauen können – und wenn sie das nicht können, dann arbeiten sie zunächst an dem, was auch immer in ihnen oder in der Führungsperson ein solches Vertrauen blockiert. Diese Art Vertrauen sollte kein „blindes Vertrauen" sein, sondern ein informiertes Vertrauen, welches die Tatsache anerkennt, dass man letztlich selbst für seine eigene physische und psychische Sicherheit und Integrität verantwortlich ist.

Der Umfang und die Art der von einem Gruppenleiter oder Organisator angebotenen Begleitung wird stark variieren, wie weiter oben im Überblick über die wichtigsten entheogenen Praktiken in den zeitgenössischen westlichen Ländern angegeben. Es gibt zwei Hauptvarianten oder Möglichkeiten: (1) eine Person, die von den Teilnehmern als Ältester anerkannt und respektiert wird und am meisten Erfahrung mit der Medizin hat, die benutzt werden soll, leitet im Wesentlichen die Zeremonie und überwacht die verschiedenen Elemente einschließlich der Ausgabe der Medizin; und (2) eine Gruppe selbsterwählter Teilnehmer mit annähernd gleich viel Erfahrung und Sachkenntnis einigt sich auf ein Ritualformat mit wechselnden spezifischen Rollen anstatt eines allgemeinen Leiters.

Ich habe mehrere Gruppen sowohl in den Vereinigten Staaten als auch in Europa gekannt, die solche egalitären Rahmenbedingungen wählten, was die individuelle Verantwortung am stärksten betont und vermutlich den Tendenzen zur Idealisierung und Selbsterhöhung bei selbsternannten „Schamanen" entgegenwirkt. Michael Harner und andere Anthropologen, die schamanische Kulturen studierten, haben immer betont, dass die Schamanen in traditionellen Kulturen von niemandem angestellt oder gewählt werden. Sie werden stattdessen von bestimmten Geistern ausgewählt, oft auf unangenehme Weise, die Härten und Krankheiten mit sich bringen kann, und werden mehr oder weniger dazu genötigt, ihre Funktion für die Gemeinschaft, in der sie leben, aufzunehmen.

9. **Egalitäre Gruppenstrukturen mit abwechselnder Leitung.** Derjenige traditionelle Vorläufer, welcher dem eher egalitären Modell, das oben beschrieben wurde, am nächsten kommt, ist die NAC-Peyote-Zeremonie, in der es vier klar definierte Rollen gibt anstatt eines Leiters, der alles lenkt und entscheidet. Der *Roadman* leitet die Zeremonie und führt ihre zeitliche Planung durch; der *Trommler* stellt die überaus wichtige rhythmische Unterstützung für das Singen zur Verfügung; der *Fireman* nährt und bewahrt das Feuer in der Mitte, das den Fokus der Konzentration bildet, und bewacht auch den Eingang; und die *Water Woman* bringt das weibliche, nährende Element für das Gleichgewicht ein. In einem solchen traditionellen Ritual gibt es nur wenig Raum für individuelle Veränderungen; tatsächlich hängt die Kraft des Rituals zu einem großen Teil davon ab, dass das Ritual genau in der traditionellen Weise vollzogen wird.

In selbstorganisierten egalitären Gruppen gibt es große Unterschiede in Bezug auf die Zeit und Aufmerksamkeit, die sie den vorbereitenden Ritualelementen wie der gebetsähnlichen oder meditativen Anrufung der Geister und den expliziten Aussagen zur Absicht widmen. Meine informellen und unsystematischen Beobachtungen legen den Schluss nahe, dass Rituale wahrscheinlich umso produktiver und befriedigender ausfallen, je mehr Aufmerksamkeit man den Vorbereitungen widmet. In Gruppen, die aus Freunden bestehen, in deren Alltag es Interaktionen untereinander und mit ihren Familien gibt, kann es zum Beispiel eine hilfreiche Vorbereitung sein, ungelöste Unstimmigkeiten zu klären und Entschuldigungen auszusprechen, falls nötig, damit kein negativer Nachhall den Geist der inneren Reise infiziert.

In solchen selbstorganisierten, egalitären Gruppen mit rotierenden Funktionen findet üblicherweise eine Aufteilung der Verantwortlichkeiten statt, ähnlich wie in den Peyote-Kreisen. Eine Person oder eine Familie stellt den Ort für die typischerweise nachts abgehaltene Zeremonie zur Verfügung, an dem man anschließend auch schläft und wo es entweder nach der Zeremonie oder manchmal auch erst am nächsten Morgen eine Art integrativen Prozess und ein gemeinsames Essen gibt.

Man trifft eine Vereinbarung in Bezug auf die zentralen Elemente: Die Teilnehmer sitzen und liegen an ausgewählten Plätzen, oft annähernd in einem Kreis, was ermöglicht, dass jeder den anderen sehen kann; jemand bringt und verabreicht die ausgewählte Medizin, die zubereitet und eingenommen wird (getrunken, gegessen, injiziert, geraucht oder geschnupft); jemand kümmert sich um die Musik, entweder in Form von Aufnahmen oder live, oder beides; und man benutzt die eine oder andere Variation eines Sprechstab-Rituals für das periodische Mitteilen der Erfahrungen. Drei dieser Elemente verdienen besondere und sorgfältige Beachtung – die Dosierung, die Musik und die Runden mit dem Sprechstab.

Die Anfangsdosis der Medizin zuzubereiten ist ein ziemlich unkomplizierter Prozess, aber die Zeiteinteilung und die Zubereitung der „Booster"-Dosierungen kann einen großen Unterschied in Hinblick auf ergiebige oder unharmonische Sitzungen ausmachen. Zusätzliche Dosierungen dehnen typischerweise die Länge der Wirkung der Medizin auf den Körper-Geist aus, und wenn man die zusätzlichen Dosierungen nach eigenem Gutdünken beliebig einnimmt, wird es anschließend dementsprechend schwieriger, eine Abschlusszeremonie abzuhalten. Die Abschlusszeremonie soll dazu dienen, dass die Teilnehmer danach wieder in den Zeit-Raum-Modus der Begegnung und des gemeinsamem Essens hinüberwechseln. Daher raten die Erfahrung und der gesunde Menschenverstand dazu, vorher einen festen Zeitpunkt zu vereinbaren – sagen wir, ungefähr eine Stunde nach der Anfangsdosis –, an dem diejenigen, die sich dafür entscheiden, eine zusätzliche Dosis einnehmen, danach aber nicht mehr. Die Höhe der Booster-Dosierung muss ebenfalls sorgfältig berücksichtigt und geplant werden, besonders bei Ayahuasca und bei *Psilocybe*-Pilzen, die aus rohen Pflanzenteilen bestehen.

Im Kapitel zur *Praxis der spirituellen Medizin* (S. 71) erörtere ich die auf die Dosis bezogenen Aspekte und den überaus wichtigen Unterschied zwischen der *effektiven* und der *dissoziativen Dosis*. Meines Erachtens besteht ein wichtiger Teil der Übernahme von Verantwortung für die eigene Gesundheit wie auch der Rücksichtnahme auf andere in einer Gruppenzeremonie und der weiteren Gemeinschaft darin, dass man psychedelische Substanzen bewusst einnimmt und sie mit Sensibilität für diese Faktoren dosiert. Auch aus diesem Grund denke ich, dass es das Beste ist, wenn das Ausgeben der Medizin und der Booster-Dosierungen von einer Person aus der Gruppe vorgenommen wird, die entweder gar nichts einnimmt oder nur eine Mindestmenge, so dass seine oder ihre normale Urteilsfähigkeit nicht beeinträchtigt ist. Ich war bei minimal strukturierten Gruppenzeremonien, bei denen Leute mit offensichtlich beeinträchtigter Urteilsfähigkeit Booster-Dosierungen nach eigenem Ermessen einnahmen – mit unangenehmen sowie unproduktiven Wirkungen. Ein alternativer Prozess für die sichere Einnahme von zusätzlichen Dosierungen würde darin bestehen, dass die potenziellen Booster-Gaben im Voraus abgemessen werden und jeder einwilligt, nur die vorher gemessene Portion einzunehmen.

Auch die Entscheidung, welche Musik gespielt wird und von wem, ob live oder aufgenommen, kann eine Quelle von Uneinigkeit und Ablenkungen sein, wenn es nicht sorgfältig geplant wurde. Bei den NAC-Peyote-Zeremonien ist es der Trommler, der sich um die Zeiteinteilung und Struktur der Zeremonie kümmert und außerdem die einzelnen Sänger unterstützt.

Auch in den selbstgesteuerten, nicht geleiteten Gruppen, in denen ich teilnehmender Beobachter war, gab es normalerweise eine Person (gewählt oder abwechselnd), welche die Musik auswählte, die gespielt wurde. Wenn alle darin einwilligen, dass diese eine Person die Aufnahmen für die Sitzung auswählt, dann verhindert es sinnlose Streitereien darüber, ob andere Musik zu irgendeinem Zeitpunkt zu bevorzugen wäre. Als ich in einer solchen Gruppe dabei war und die Musik nicht besonders „mochte", nutzte ich die Gelegenheit, um im Stillen an einen Satz aus dem *Zhuangzi* zu denken: *„Für diejenigen, die keine Vorlieben für oder gegen irgend etwas haben, ist der Weg so weit offen wie die Welt."* Nach einer Weile wechselte die Musik in einen anderen Modus, und meine Stimmung änderte sich dementsprechend. Dies ist also der Vorteil, wenn die Auswahl der Aufnahmen, die gespielt werden sollen, für die jeweilige Zeremonie nach Vereinbarung einer einzelnen Person überlassen wird.

Der Gebrauch eines Sprechstab- oder Sprechstein-Rituals zum gemeinsamen Austausch in entheogenen Zeremonien hat sich, wie oben erwähnt, ziemlich weit verbreitet. In den führerlosen oder alternierend geleiteten Gruppen, an denen ich teilgenommen habe, gibt es manchmal eine Vereinbarung, dass eine solche Runde mit dem Sprechstab von jedem und zu jeder Zeit einberufen werden kann und dass dies von allen anerkannt wird. Die Teilnehmer richten sich dann aus einer liegenden Position heraus auf, in der sie in ihre innere Reise vertieft waren, und sitzen mit Blick zum Zentrum des Kreises. Es kann eine Räucherung mit duftenden Pflanzenauszügen oder mit Weihrauch durchgeführt werden, und danach wird der Sprechstab herumgereicht. Dies kann eine Gelegenheit sein, den anderen etwas mitzuteilen, was die Person während der persönlichen Reise erlebt hat. Wie bereits weiter oben in Bezug auf die Prozesse beschrieben, ist es am besten, wenn es außer einem anerkennenden *Ho!* am Ende jeder Mitteilung keinerlei Fragen, Interpretationen oder Antworten von den anderen Teilnehmern gibt.

In manchen Gruppen können die Teilnehmer singen oder ein Instrument spielen, anstatt zu sprechen, und dies kann oft wahrhaftig inspirierte und inspirierende Vokalisierungen hervorbringen, in denen die gesamte Gruppe in einen ekstatischen Zustand eintritt. Für praktizierende Musiker können solche Sitzungen wertvolles Material liefern, sofern es aufgenommen wurde – aber selbstverständlich darf eine Aufnahme von all dem, was während einer Sitzung gesagt oder gesungen wurde, nur dann gemacht werden, wenn alle, die es betrifft, vorab dazu die Erlaubnis gegeben haben.

Abschließende Überlegungen

Einige Praktizierende entheogener oder psychedelischer Erforschung in frei organisierten Gruppen mögen Einwände gegen diese Beschreibungen gemeinsamer Praktiken erheben, weil sie empfinden, dass jede Struktur, die den Selbstausdruck oder die „freie Wahl" begrenzt, dem Geist des Abenteuers und der Erforschung in gewisser Weise entgegensteht. Ohne Zweifel gibt es bei vielen Forschenden, mich selbst mit eingeschlossen, eine Grundüberzeugung und ein Wertesystem, aufgrund dessen sie Annahmen und Anweisungen in Frage stellen und sich ihnen widersetzen würden – besonders in Bezug auf spirituelle Praxis. Natürlich ist das, was ich als empfohlenes Vorgehen beschreibe, eine persönliche Beurteilung, die auf meinen Beobachtungen basiert. Jedes Individuum und jede Gruppe entwickeln für ihre entheogenen Sitzungen ihre eigenen Strukturen, denen sie zustimmen. Ich meine allerdings, dass es sinnlos und unproduktiv ist, Vereinbarungen zu treffen, wie zum Beispiel ein Sprechstab-Ritual für verbale Berichte, und diese dann aufgrund einer Idee von „freier Wahl" zu ignorieren.

Dies mag der entscheidende Unterschied sein zwischen Individuen und Gruppen, die bewusstseinserweiternde Drogen vor allem als Freizeitvergnügen nutzen möchten, und denjenigen, die sich einer gemeinsamen Praxis zur Heilung und Vision verpflichtet fühlen. Letzteres steht einer echten Wiederherstellung (*recreation*) und dem Genuss sicherlich nicht im Weg. Eine Analogie dazu, die ich gern anführe, ist eine Gruppe von Musikern, die sich manchmal zusammenfinden, um ein vorher ausgewähltes Stück zu üben, das sie später gemeinsam vortragen wollen. Und manchmal kommen sie vielleicht zusammen, um einfach zu spielen und zu improvisieren. Doch während sie dies tun, halten sie sich dennoch an gemeinsame Ziele und Vereinbarungen, beispielsweise während des Improvisierens innerhalb einer gewählten Tonart zu bleiben oder mit vorher ausgewählten Instrumenten zu spielen.

2
Die Praxis der spirituellen Medizin

Alle Dinge sind Gift, und nichts ist ohne Gift.
Allein die Dosis macht, dass ein Ding kein Gift ist.

Theophrastus Paracelsus

Süß ist die Frucht der Widerwärtigkeit,
die gleich der Kröte, hässlich und voll Gift,
ein köstliches Juwel im Haupte trägt.

William Shakespeare

Als Leary, Metzner und Alpert 1964 das Handbuch *Psychedelische Erfahrungen* schrieben und publizierten und dafür das Tibetische Totenbuch benutzten, wurde ich mit dem Schreiben des Anhangs über die Dosierungen beauftragt, da ich gerade mein Forschungsstipendium in Psychopharmakologie beendet hatte. Wir gaben zwei Reihen an mit Dosierungsbereichen für LSD, Meskalin und Psilocybin – die drei Drogen, mit denen wir damals vertraut waren. Wir hatten zwei Spalten: In Spalte A gaben wir die für eine unerfahrene Person ausreichende Dosierung an, „um in die in diesem Handbuch beschriebenen transzendenten Welten einzutreten", und in Spalte B eine „kleinere Dosierung für erfahrenere Personen oder Teilnehmer an Gruppensitzungen". Für LSD hatten wir 200–500 μg (Mikrogramm) in Spalte A und 100–200 μg in Spalte B eingetragen[2].

Aus der heutigen Perspektive, nach 50 Jahren des Experimentierens und Beobachtens, würde ich nie derartige Dosierungsempfehlungen abgeben. Wir hatten ein falsches Verständnis von der umgekehrten, U-förmigen Dosis-Reaktions-Kurve bei psychedelischen Drogen:

[2] Ich schulde David Presti, Neurobiologe, Bewusstseinsforscher und klinischer Psychologe an der Universität Berkeley, meinen Dank für seine sorgfältige Lektüre dieses und des nächsten Kapitels. Jegliche verbliebenen Fehler obliegen meiner eigenen Verantwortung.

Die Reaktion von erhöhter Wahrnehmung und Bewusstheit steigert sich zunächst mit wachsenden Dosierungen bis zum Optimum und kippt dann um in dissoziative und/ oder dysphorische Reaktionen (die umgangssprachlich *Bodyload* oder *Bad Trip* genannt werden), da innerer Widerstand und hemmende Faktoren ausgelöst werden.

Dies ist das Prinzip, welches durch das Paracelsus-Zitat „Die Dosis macht das Gift" formuliert ist. Mit anderen Worten, die sichere und optimal nützlichste Dosierung jeder „Medizin" liegt in etwa in der Mitte zwischen „nicht genug" und „zu viel".

Unsere Harvard-Gruppe war sich anfänglich nicht im Klaren über die Bedeutung von Alchemie oder Schamanismus für psychedelische Experimente. Die Forscher in Europa, wie Hanscarl Leuner und Stanislav Grof, die mit dem sogenannten psycholytischen therapeutischen Ansatz von nach und nach zunehmenden Dosierungen in einer Reihe von Sitzungen arbeiteten, verfügten, wie ich heute denke, über ein besseres Verständnis dieses Prinzips. Es ging schließlich nicht nur darum, „high" zu sein, sondern aus den Exkursionen in erweiterte Sichtweisen der Wirklichkeit nützliche Inhalte in Bezug auf Heilung und Einsicht mitzubringen. In einem Brief, den Albert Hofmann an Leary als Reaktion auf die ersten Berichte über die Harvard-Studien schrieb, drückte Hofmann seine Überraschung, wenn nicht sogar seine Sorge wegen der hohen Dosierungen aus, mit denen wir in unseren Psilocybin-Studien arbeiteten.

Nicht nur unsere damalige Gruppe an der Harvard-Universität, sondern ebenso eine breite Mehrheit des psychedelischen Untergrunds, die in den Sechzigerjahren aufwuchs, als die Hippie-Bewegung in Kalifornien begann – und ich wage zu behaupten, auch einige heutige Gruppen im Untergrund – verstanden dieses Prinzip nicht oder kümmerten sich nicht darum. Für sie scheint die Devise zu lauten: „Je mehr (oder höher), desto besser". Ich erinnere mich an Gespräche mit dem verstorbenen Owsley Stanley, der angeblich Millionen Dosen LSD von hoher Qualität hergestellt hatte, das großzügig bei den „Acid-Test"-Tanzpartys mit Nonstop-Rockmusik und Tausenden von feiernden Teilnehmern verteilt wurde. Er drängte mich und jeden, der dort war, eine seiner Tabletten zu nehmen, die vermutlich 300–500 μg LSD enthielten – fast wie eine Art „Mutprobe". Ich habe mich bei solchen Vorgehen immer unwohl gefühlt. Aber er stellte es so dar, als ob man das echte kosmische Ding verpassen würde, wenn man nicht die höhere Dosis nahm. Da war ein prahlerisches Element in seiner Haltung. Ganz zu schweigen von der Tatsache, dass sich bei wiederholter Einnahme der gleichen Menge an mehreren Tagen hintereinander eine Resistenz aufbaut und man höhere Dosierungen benötigt, um überhaupt noch eine Wirkung zu verspüren. Und wenn man von Natur aus hochsensibel ist, kann eine relativ niedrige Dosis bereits ein sicheres Maximum sein.

Wie dem auch sei: Ich möchte nicht in irgendeiner Form den enormen Beitrag abwerten, den Owsley und seine Chemikerkollegen zu den kulturellen und sozialen Umwälzungen der Sechzigerjahre geleistet haben, indem sie hochwertiges LSD herstellten und verteilten – das damals, als sie mit der Produktion begannen, auch nicht illegal war –, noch hege ich irgendeine persönliche Abneigung gegen ihn. Er hatte die Angewohnheit, spät in der Nacht zu meinem Haus in Berkeley zu kommen, mich aufzuwecken und darauf zu bestehen, mich mit seiner breiten Palette an Kenntnissen und Meinungen aus der Chemie, der Kosmologie und der Politik zu unterhalten.

In der Dosierungsfrage teile ich mittlerweile auch nicht mehr die ähnlichen, mit flammender Eloquenz vertretenen Ansichten meines verstorbenen Freundes Terence McKenna, der zu sagen pflegte, dass man „heroische Dosierungen" nehmen müsse, um die Botschaft „wirklich zu empfangen". In *Die Kröte und der Jaguar* erwähne ich einige Untersuchungen, die Terence und ich in Bezug auf Dosierungen machten – und ich glaube, dass seine Ansichten dazu in seinen späteren Jahren etwas milder wurden. Schließlich sind die Jugendjahre für uns alle eine Zeit der Ausgelassenheit und der Extreme, des Durchbruchs und des Experimentierens.

Meine Dosierungsangaben, die ich oben aus *Psychedelische Erfahrungen* (S. 73) zitiert habe, zeigen unser falsches Verständnis der Bedeutung von „Transzendenz" und wie sich diese von „Dissoziation" unterscheidet. Heute bin ich nicht mehr einverstanden mit unserer damaligen Ansicht, dass die aufgeführten höheren Dosierungen einer psychedelischen Substanz „ausreichend für eine unerfahrene Person sind, die transzendenten Welten zu betreten". Im Gegenteil, wahrscheinlich sind nur diejenigen, die bereits lange Erfahrung mit Meditationspraktiken haben, in der Lage, die transzendenten Welten bewusst zu betreten, und dann vermutlich eher mit niedrigeren Dosierungen. Eine Unterscheidungsmöglichkeit ist der Gedanke, dass *Transzendenz bewusste Dissoziation ist und Dissoziation unbewusste Transzendenz.*

Eine Dosis, die so hoch ist, dass man die Wirkung – aus Mangel an geeigneter Sprache für eine Sache – nicht aufnehmen, verstehen oder beschreiben kann, eignet sich im besten Fall dazu, unter der Voraussetzung eines sicheren, unterstützenden Settings eine angenehme, vielleicht sogar glückselige Erfahrung zu machen – aber eine Erfahrung, von der nur wenig Nützliches zurückgebracht und integriert werden kann. Die psychedelische visionäre Ausdehnung des Bewusstseins wird nachteilig beeinflusst, wenn die Dosierung zu hoch ist, um vom Körper-Geist-Komplex aufgenommen zu werden – was zu unangenehmen und/oder dysphorischen psychosomatischen Reaktionen führt, die stärker sind als alle „Einsichten" oder „Visionen". Viele, wenn nicht sogar die meisten lockeren psychedelischen Explorationen enthalten Elemente aus beiden Sorten der Erfahrung: eine meist dissoziierte Anfangsphase, gefolgt von potenziell nützlichen und teilweise erinnerten Einsichten.

Wenn eine Person eine Dosis nimmt, die höher ist als ihre dissoziative Schwelle, wird sie oder er typischerweise berichten, dass es „intensiv" oder „irre" war, jedoch nicht in der Lage sein, viele Inhalte zu identifizieren. Oder das erhöhte Tempo mentaler Assoziationen kann paranoide oder schizoide Szenarien schaffen – die bei einem sicheren und geschützten Kontext glücklicherweise in den meisten Fällen an Intensität verlieren, wenn der Drogeneffekt abklingt. Ich hatte vor einigen Jahren ein Gespräch, durch das ich diesen Aspekt geradezu mit der Kraft einer Offenbarung begriff. Eine Frau, die bereits einige Erfahrungen mit Psychedelika gemacht hatte, erzählte mir mit Stolz und in der Erwartung, dass ich beeindruckt sein würde, dass sie am letzten Wochenende „500 Mikro Acid" eingenommen hatte. Als ich sie nach ihrer Erfahrung befragte, konnte sie nicht eine einzige Einsicht oder Vision aus ihrer fünf- bis sechsstündigen Erfahrung beschreiben oder vermitteln. Das machte mir bewusst, dass solch eine dissoziierte Erfahrung wie in diesem Fall wirklich Zeitverschwendung war – und in weniger geschützten und unterstützenden Kontext leicht zu einer Katastrophe in Form eines psychoseähnlichen Orientierungsverlusts hätte führen können.

Ich bezweifle, dass die meisten der sorglos reisenden „Blumenkinder" der Sechzigerjahre oder auch nur gewöhnliche Leute mit seriösen Absichten, die mit Psychedelika experimentierten, dieses dissoziative Dilemma verstanden. Wir hatten keine Sprache dafür – und haben sie eigentlich immer noch nicht. Ich glaube auch, dass dies ein weiterer Grund dafür war, dass viele der jugendlichen „Tripper" nach einer gewissen Zeit damit aufhörten, Psychedelika zu nehmen. Es stellten sich wahrscheinlich Erfahrungen ein, die entweder furchterregend oder bedeutungslos und psychisch energieraubend waren – und es gab nicht viele Psychotherapeuten, die in diesen Dingen erfahren waren und ihnen helfen konnten. Selbstverständlich spielten vermutlich auch die rechtlichen und sozialen Verbote eine Rolle beim Rückgang des populären Gebrauchs.

Effektive und dissoziative / dysphorische Dosierungen

Bei pharmakologischen Forschungen an Tieren ist es üblich, eine minimale *effektive Dosis* (ED-50) einer gegebenen Substanz zu messen, das Maß, bei dem bei 50 Prozent der Probanden eine Reaktion beobachtet werden kann, und die *letale Dosis* (LD-50) zu bestimmen, bei der 50 Prozent der Tiere im Experiment sterben. Die äquivalenten, für Menschen toxischen Mengen dieser Droge werden dann im Verhältnis zum Körpergewicht durch Extrapolation geschätzt. Innerhalb der Untergrundkultur mit psychedelischem Substanzgebrauch liegt die Gefahr exzessiver Dosierungen nicht in physiologischem Kollaps oder Tod (solange die verwendeten Drogen frei von Verunreinigungen sind), sondern in der psychischen Dissoziation: fehlende bewusste Wahrnehmung der eigenen Körperhaltungen und Gesten, Laute und verbalen Äußerungen sowie eine mehr oder weniger vollständige Trennung des eigenen Bewusstseins von der Umgebung.

In meinem Buch *Raum des Geistes – Strom der Zeit* habe ich darauf hingewiesen: Obwohl psychedelische Zustände typischerweise durch einen enormen Zuwachs an mentalen und visuellen Assoziationen im Sinne von Erweiterungen des Bewusstseins gekennzeichnet sind, können dissoziative und verengte Zustände mit Psychedelika auftreten, wenn die Dosierung für das Individuum zu hoch ist, so dass die verstärkten Empfindungen und Wahrnehmungen nicht assimiliert werden können. „Es ist wichtig zu verstehen, dass dissoziative Drogenzustände, die mit einer tiefgreifenden Loslösung von Raum-Zeit-Realität verbunden sind, sich ziemlich stark vom klassischen Psychose-ähnlichen ‚Bad Trip' unterscheiden, der durch Verwirrung, hochgradige Verängstigung, seltsame Empfindungen und verzerrte Wahrnehmungen gekennzeichnet ist." (*Raum des Geistes – Strom der Zeit*, S. 114)

Dissoziative Erfahrungen sind solche, die nicht sinnvoll erinnert oder beschrieben werden können – die Person bemerkt vielleicht hinterher lediglich, dass einige Zeit verstrichen ist, ohne eine Erinnerung daran zu haben. Solche dissoziierten Erfahrungen (oder Episoden innerhalb einer Erfahrung) sind nicht unbedingt von Angstgefühlen begleitet und werden möglicherweise vom Individuum nicht als "Bad Trips" beschrieben. Es kann sein, dass gar keine Gefühle vorhanden sind, oder die Person berichtet vielleicht, sich ruhig oder sogar glückselig zu fühlen. Für einen äußeren Betrachter gibt es manchmal gar keine sichtbaren Veränderungen. Wenn die Person sich in einem dissoziativen Zustand befindet, berichten anwesende Beobachter möglicherweise, dass die Person seltsame Worte oder Laute von sich gibt und ungewöhnliche Körperhaltungen einnimmt oder Bewegungen macht, wobei die Person selbst aber jegliche Erinnerung daran verloren hat. Solche körperlichen und stimmlichen dissoziativen Reaktionen können für andere alarmierend sein, obwohl die Person selbst weder zu dem Zeitpunkt noch danach von Unbehagen oder Bedrängnis berichtet.

Gewisse Drogenerfahrungen können für einige Individuen einen Intensitätsgrad erreichen, der trotz sicheren, geschützten Rahmenbedingungen und angemessener Vorbereitung mit „zu viel" beschrieben wird. Die Erfahrung ist geprägt von unangenehmen, dysphorischen, ängstlichen Empfindungen und Gefühlen, die in der Untergrundliteratur typischerweise als *Bad trip* oder mehr umgangssprachlich als *bummer* (Reinfall) beschrieben werden. Allfällige bewusstseinserweiternde Einsichten werden von unangenehmen psychosomatischen Symptomen überschattet, die normalerweise nachlassen, wenn der physiologische Drogeneffekt im Körper abklingt. Es ist nicht bekannt, was dazu führt, dass aus einer übermäßigen Drogenreaktion eine dysphorische *Bad-Trip*-Reaktion oder eine dissoziative Trennung entsteht.

Meine Schätzungen der Dosierungsbereiche in den folgenden Abschnitten setzen einen sicheren, geschützten Rahmen (*Setting*) mit angemessener Leitung und Vorbereitung ebenso voraus wie einen beständigen pharmazeutischen Reinheitsgrad. Das grundsätzliche Verständnis des „Set und Setting"-Modells, das zuerst von Leary in den Schriften unserer Gruppe formuliert wurde, impliziert, dass man nur dann die Wirkungen verschiedener Drogen und Dosierungen sinnvoll vergleichen kann, wenn man diese Faktoren konstant hält. Ich werde primär aus vier verschiedenen Büchern über die Chemie visionärer Halluzinogene zitieren. In den Büchern von Alexander und Ann Shulgin (*PIHKAL und TIHKAL*), von Daniel Trachsel (*Psychedelische Chemie*) und in Jonathan Otts gelehrtem Kompendium *Pharmacotheon* beruht der Vergleich zwischen den verschiedenen Drogen explizit auf annähernd gleichbleibenden Faktoren von Vorhaben/Absicht (*Set*) und Rahmen (*Setting*).

Insbesondere Shulgins Vergleiche der psychologischen Wirkungen einiger Tryptamine und Phenethylamine basieren auf einer Zusammenstellung der Berichte aus seiner konstanten Gruppe, bestehend aus etwa einem Dutzend Mitarbeitern, die sich trafen und ihre Beobachtungen der Effekte einer bestimmten Droge bei verschiedenen Dosierungen verglichen – gemeinsam mit dem Meister-Chemiker, der erläuterte, auf welche Weise diese psychologischen Beobachtungen mit den Unterschieden in der molekularen Struktur korrelierten. Shulgin benutzte zu diesem Zweck eine quantitative Vier-Punkte-Skala für die subjektive Intensität sowie Zitate aus den qualitativen Beschreibungen seiner Mitarbeiter. Er beschreibt den Rahmen (das *Setting*), in dem sich seine Gruppe aus Gleichgesinnten traf, und die Grundregeln für das Verhalten während des Experiments wie auch die Vorbereitungen und die anschließende Integrationsperiode, auf die sich alle geeinigt hatten. In Trachsels Buch werden ebenfalls Beschreibungen der subjektiven Drogenwirkungen bei verschiedenen Dosierungen zitiert – jedoch gibt es keine Hinweise oder Angaben dazu, ob das Set und Setting konstant gehalten ist. Jonathan Otts Beschreibungen der subjektiven Wirkungen von verschiedenen pflanzlichen, pilzartigen oder chemischen Substanzen basieren ausschließlich auf seinen eigenen persönlichen Selbstbeobachtungen, vermutlich mit konstantem Set und Setting.

Das Auftreten dissoziativer Erfahrungen bei höheren Dosierungen wird von diesen Autoren nicht explizit erwähnt, aber alle geben einen Dosisbereich für die Substanzen an, die sie beschreiben, womit sie implizit die Tatsache anerkennen, dass es eine optimale Dosierung für jede Substanz gibt, die irgendwo zwischen „zu wenig" und „zu viel" liegen. Erfahrungen mit Dosierungen über der Obergrenze des jeweiligen Bereichs lassen sich klar als entweder dissoziativ und/oder dysphorisch erkennen.

Im Folgenden gebe ich Schätzungen zu zwei wichtigen Dosiswerten ab, die auf den Angaben dieser Autoren und auf meinen eigenen Beobachtungen in der psychedelischen Untergrundkultur basieren:

ED-50: die Schwellendosis, bei der psychoaktive Effekte bei circa der Hälfte der Probanden beobachtet werden, oder bei der Hälfte aller Versuche; und DD-50: die Dosis, bei der etwa bei der Hälfte aller Versuchspersonen oder bei der Hälfte der Erfahrungen Dysphorie und/oder Dissoziationen auftreten.

Wie die Shulgins und andere Chemiker-Autoren werde ich ebenfalls eine geschätzte Wirkdauer angeben, die im Allgemeinen, wenn auch nicht immer, mit der Intensität korreliert.

Individuelle Faktoren, welche die Intensität der Erfahrung beeinflussen

Neben den effektiven und dissoziativen/dysphorischen Dosisbereichen gibt es drei zusätzliche Faktoren, welche die Reaktion eines Individuums auf psychoaktive Substanzen beeinflussen können: Körpergewicht, angeborene Sensitivität und frühere Erfahrung oder Erlerntes. In den Drogenerfahrungsberichten der Untergrundliteratur werden diese Faktoren nicht allgemein bewertet oder angegeben. Für ein vollständigeres Verständnis sollte man sie jedoch immer berücksichtigen.

Körpergewicht. In der medizinischen Pharmakologie werden die Dosisbereiche üblicherweise in Einheiten von mg pro kg Körpergewicht berechnet. Die effektiven und dissoziativen Dosierungen werden für eine leichtere Person niedriger sein als für eine schwerere Person.

Angeborene Sensitivität. Es gibt inhärente oder angeborene Unterschiede in der Sensitivität der Wahrnehmung des Nervensystems, die mit den derzeit bekannten medizinischen oder psychologischen Instrumenten nicht einfach beobachtet oder gemessen werden können. Am oberen Ende des Sensibilitätsspektrums befinden sich Personen, die auch als hellsehend (*clairvoyant*) oder hellfühlend (*clairsentient*) bezeichnet werden, die stärker und lebhafter als der Durchschnitt auf jeden wahrgenommenen Stimulus reagieren, ob dieser nun von außen oder von innen kommt. Viele Künstler und sogenannte Medien oder Intuitive fallen in diese Kategorie. Die Intensität ihrer Wahrnehmungs- und Gefühlsreaktion auf einen gegebenen Reiz ist stärker als im Durchschnitt. Daher werden bei ihnen die wirksame und die dissoziative Dosierung üblicherweise geringer sein als im Durchschnitt.

Dieser Faktor der angeborenen individuellen Unterschiede in der Sensitivität der Reaktion wird in der Drogensubkultur des Untergrunds nach meinen Beobachtungen nicht von allen verstanden. Eine bestimmte Dosis kann Wirkungen auslösen, die sich bei verschiedenen Individuen unterschiedlich intensiv auswirken – auch wenn die anderen Faktoren von Absicht und Kontext konstant gehalten werden. Ich glaube, dass solche nicht erkannten individuellen Unterschiede in der Sensitivität der Reaktion ein zusätzlicher Faktor sind, der zu unangenehmen und nutzlosen dissoziativen Erfahrungen führt, wenn man einzig auf die Besonderheiten der eingenommenen Drogen fokussiert ist.

Erfahrungslernen. In den Gruppen, die ich beobachtet habe, schienen die Teilnehmer durch Erfahrung zu lernen, wie ihre eigene Sensitivität beschaffen war, und passten ihre Einnahme dementsprechend an. Erfahrene Erforscher innerer Räume und diejenigen, die ihrer Intention und der Einrichtung ihrer Erfahrungen sorgfältige Beachtung schenken, werden wahrscheinlich weniger dissoziative Elemente erleben als unerfahrene und unvorbereitete „Trippers".

Die Bandbreite zwischen *ED-50* und *DD-50* kann man als denjenigen Bereich betrachten, in dem der durchschnittlich intelligente, gut informierte Suchende/Beobachter psychologisch nützliche und/oder philosophisch bedeutsame Erfahrungen erwarten kann. Meine Schätzungen des Dosierungsbereichs beruhen auf meinen Beobachtungen in der Untergrund-Drogenkultur aus den letzten 50 Jahren und zudem auf den Angaben in den Chemie-Handbüchern der Shulgins sowie von Trachsel und von Ott. Eine zusätzliche Informationsquelle für Dosierungen ist die *Erowid*-Website, welche zusätzlich detaillierte Angaben von Untergrund-Informanten zu den Erfahrungen liefert, die bei verschiedenen Dosierungen psychoaktiver Substanzen zu erwarten sind.

Sinnvolle und vernünftige Schätzungen der Dosis kann man nur für gereinigte Drogensubstanzen vornehmen. Für die Anwender von Pflanzen- oder Pilzmaterial, ob nun roh oder gekocht, können die Konzentrationen der psychoaktiven Anteile offensichtlich enorm variieren. Gebührende Sorgfalt ist immer notwendig, wenn man sich zuvor – und nicht erst danach – über die vermutete Potenz der eingenommenen Medizin informieren will.

Im Folgenden werde ich auch kurze Auszüge aus den drei poetischen ethno-botanischen Abhandlungen von Dale Pendell zitieren – *Pharmako/Poeia, Pharmako/Dynamis* und *Pharmako/Gnosis*. Ich bin Dale sehr dankbar für die Erlaubnis, diesen hervorragenden Ratgeber zum grenzüberschreitenden, bewusstseinserweiternden, kreativitätsfördernden Potenzial dieser außergewöhnlichen Pflanzen und Pilze benutzen zu dürfen.

LSD – Lysergsäurediethylamid

Dies ist die berühmteste und berüchtigtste unter den psychoaktiven Drogen, gepriesen und verflucht, geschätzt und verunglimpft. Wegen seiner überragenden Potenz wurde es „der Kaiser der Medizinen" genannt, aber auch „die Medizin der Kaiser", aufgrund seines einzigartigen Spektrums machtvoller bewusstseinserweiternder Wirkungen. Die Geschichte der zufälligen Entdeckung des LSD durch Albert Hofmann und der nachfolgenden unendlichen Fahrradfahrt ist in die wissenschaftlich-kulturelle und popkulturelle Geschichte eingegangen. Dutzende Bücher und Tausende von Artikeln, sowohl wissenschaftliche als auch journalistische, sind über diese Substanz geschrieben worden.

Shulgin gibt 60–200 µg und Trachsel 50–200 µg als effektiven Dosierungsbereich an, und Ott schlägt einen größeren wirksamen Bereich von 50–500 µg vor. Obwohl diese Autoren die Obergrenze nicht explizit mit der Wahrscheinlichkeit dissoziativer Reaktionen begründen, kann man doch annehmen, dass Dosierungen über 200 µg für die meisten Leute wahrscheinlich weitgehend dissoziativ und/oder dysphorisch wirken. Wie oben erwähnt, ist eine Dosis von 500 µg, die in den freizügigen Sechzigerjahren fast zu einer Art Hippie-Richtwert wurde, mehr als doppelt so stark wie die Obergrenze des derzeit empfohlenen Bereichs.

Meine eigenen Dosierungsempfehlungen, um möglichst produktive Erfahrungen zu machen, sind ähnlich: *50 µg für die ED-50 und 200 µg für die DD-50.* Dauer: 6–8 Stunden. Es wurde darauf hingewiesen, dass der weitverbreitete Szenengebrauch höherer Dosierungen (über 200 µg) in den späten Sechzigerjahren jäh abnahm, zum Teil wegen der eher eingeschränkten Verfügbarkeit, aber auch wegen einiger aufsehenerregender Kriminalfälle, in denen LSD-Gebrauch eine Rolle gespielt hatte, sowie wegen der Kriminalisierung seiner Herstellung und seines Gebrauchs. Offenbar gab es eine Art sich selbst korrigierenden sozialen Prozess, bei dem Dosierungen im Bereich von 75–200 µg eher üblich wurden.

Dale Pendell beschreibt LSD in *Pharmakognosis* in einem Abschnitt über *Phantastica*, in einem Kapitel mit der Überschrift *The Luminosity of Sentient Dimensions* („Die Leuchtkraft empfindsamer Dimensionen").

Für die Moderne war LSD der heilige Gral, geboren aus afrikanischen Masken und Absinth und dem Großen Krieg. LSD war der Gral. Andersartigkeit. Abstraktion. Der Überschreiter von Grenzen. Ein Sakrament auf der Suche nach einem Kontext.

Gift oder Medizin. *Acid* als der Dogma-Auflöser. Das ultimative Lösungsmittel. Vorläufer verschwinden. „Es" wird sein eigener Vorläufer. Es hat keinen Vorläufer. Eine klare Tabula rasa. Und es ist auch nicht „der Verlust des Egos", hör nur die Angeber, die so reden. Eher ein Klären und Kräftigen, ein Loslassen, durch das es freier hervortreten kann.

Wandern. Bardo. „Die Winde des Karma". Wandel der Formen. Gesicht, Spiegelarbeit. Auflösen. Andere Gesichter, Lehrer, „meine Vorläufer". Wenn jemand zu weinen begann, sagten wir: „Sie hat eine religiöse Erfahrung." Tränen waren das Zeichen. Tränen des Mitgefühls. Tränen für all den Schmerz, der in der Welt herumschwirrt. Und Tränen für die starke, darunter liegende ewige Schönheit und Liebe, die im Kern aller Schöpfung erstrahlt, märchenhaft, in Geschichten erzählt, dennoch wahrer als unser Zynismus.

S. 59–72

Eine interessante Form der Anwendung, die in den letzten 10 bis 15 Jahren aufgekommen ist, ist der Einsatz von Mikro-Dosierungen des LSD im Bereich von 50 µg oder weniger (40, 30, 20). Ich habe Albert Hofmann sagen hören, dass er selbst mit extrem niedrigen Dosierungen experimentiert hat, bis zu 10 µg – nicht um einen deutlich veränderten Zustand zu erzeugen, sondern „nur zum Denken". Es gibt inoffizielle Berichte von erfahrenen Leistungssportlern, die Mikrodosen beim Klettern, Skifahren, Fallschirmspringen oder Tauchen nehmen. Dies könnte ein Gebiet sein, das in naher Zukunft weitere Anwendungen finden wird. James Oroc schrieb etwas zu diesem Thema, das bisher offenbar in stillschweigender Übereinkunft geheim gehalten wurde.

Es gibt einen weiteren ungewöhnlichen Effekt von LSD, den ich beobachtet habe und über den meines Wissens bisher nichts in der Literatur berichtet wurde: Bei einer kleinen, aber eindeutigen und unvorhersehbaren Anzahl von Leuten kann die Wirkung einer Dosis LSD (die normalerweise 6–8 Stunden anhält) bis zu 24 oder 36 Stunden oder noch länger in unverminderter Intensität anhalten. Dies wurde mir durch eine therapeutische Sitzung klar, die ich vor einigen Jahren mit einer jungen Frau durchführte. Sie nahm ihr eigenes LSD, das sie aus einer vermutlich verlässlichen Quelle erhalten hatte, und die Dosis, die sie nahm, war moderat, circa 150–175 µg. Der Kontext war ihr eigenes Zuhause, wo sie sich sicher und komfortabel fühlte; nur ihre Mutter war ebenfalls anwesend. Als aufstrebende Musikerin hatte sie ihre Absicht darauf ausgerichtet, Quellen und mögliche Erweiterungen für ihre kreativen Impulse zu erkunden. Ich begleitete sie etwa 5–6 Stunden lang und erforschte mit ihr die Familienthemen, die wir vorher in der Therapie bearbeitet hatten. Sie hatte einige gute Einsichten und setzte sich einige Zeit ans Klavier – ihre Erfahrung war produktiv, wenn auch nicht besonders dramatisch. Nach etwa 5 Stunden, als es für mich Zeit wurde zu gehen, berichtete sie, dass die Intensität ihrer Körperreaktionen nicht vermindert sei – aber sie fühlte sich gut und sicher. Ich ging nach Hause und rief sie später am Abend etwa 7–8 Stunden nach der Einnahme an (die Sitzung fand während des Tages statt), und sie berichtete, dass es ihr gut ginge, sie jedoch weder müde noch schläfrig sei und die Wirkung in gleicher Intensität andauerte. Am nächsten Morgen unterhielten wir uns wieder – die Wirkung dauerte weiter an und begann erst am folgenden Nachmittag langsam abzuklingen, so dass sie endlich schlafen konnte.

Diese Erfahrung war für mich sehr aufschlussreich: Ich erkannte, dass das Auftreten von unerwartet und unvorhersehbar ausgedehnten Trips einige größere Desaster erklären konnte, die sich ereignet hatten. Was, wenn jemand, der einen 6-stündigen Trip erwartete, LSD an einem Wochenende nahm und dann immer noch heftig am Reisen war, wenn es Zeit war, am Montag morgen zur Arbeit zu gehen, oder nach Hause zur Familie, oder wenn er seinen Weg durch die Straßen der Stadt finden musste? Natürlich würden jemandem paranoide Wahnideen über bleibende Hirnschäden in den Sinn kommen, wenn er nichts von der Möglichkeit eines solchen ausgedehnten, letztlich jedoch zeitlich begrenzten Trips wusste oder sich dessen nicht bewusst war.

Meskalin – 3,4,5-Trimethoxyphenethylamin

Dies ist das am längsten bekannte Halluzinogen, das um 1890 herum vom deutschen Chemiker Arthur Heffter aus dem Peyotekaktus isoliert wurde. Lange bevor LSD entdeckt wurde, gab es in den späten 1920er- und frühen 1930er-Jahren Studien, die an der Universität Heidelberg von Kurt Beringer und anderen durchgeführt wurden. Timothy Leary und ich deuteten 1965 in einem Artikel in *The Psychedelic Review* an, dass der Schriftsteller Hermann Hesse an diesen Studien teilgenommen haben könnte, da mehrere seiner Erzählungen, insbesondere *Der Steppenwolf* und *Die Morgenlandfahrt*, getarnte Beschreibungen psychedelischer Erfahrungen zu enthalten scheinen. Diese Vorstellung wurde von den Erben Hesses heftig bestritten – obwohl sie sich zweifellos über das neu erwachte Interesse an den Schriften ihres Vaters und über deren Verkauf freuten.

Im Jahr 1954 nahm Aldous Huxley unter der Leitung des Psychiaters Humphrey Osmond Meskalin ein, was ihn zu seinem bahnbrechenden Buch *Die Pforten der Wahrnehmung* inspirierte. Der Ausdruck „Pforten der Wahrnehmung" selbst stammte aus William Blakes visionärem Gedicht: „Wenn die Pforten der Wahrnehmung gereinigt sind, erscheint alles, so wie es ist – unendlich." Huxley schrieb, dass dieses Reinigen oder Öffnen der Fenster oder Türen der Wahrnehmung eine „unerwartete Gnade" sei – mit anderen Worten, nicht eine garantierte sogenannte „Drogenwirkung".

Wie in *Psychedelische Erfahrungen* beschrieben, gaben wir als Dosierung für transzendentale Erfahrungen 600–800 mg an, eine Menge, von der ich heute annehmen würde, dass sie zu dissoziativen Erfahrungen führt; und 300–500 mg als Dosierung für „erfahrene Personen". Die Erowid-Seite nennt 200–300 mg als „normale" Dosierung und 300–500 mg als „starke Dosis". Beide, Shulgin und Trachsel, geben einen Bereich von 200–400 mg an – mit leichten Unterschieden, je nachdem, ob man Hydrochlorid oder Sulfat verwendet. Jonathan Ott gibt 150–1000 mg als Dosisbereich an, und damit geht das obere Ende seiner Skala, wie beim LSD, weit über das hinaus, was ich als dissoziativen Schwellenwert einschätzen würde.

Ich schätze, dass eine Dosis von *150–350 mg den Bereich zwischen ED-50 und DD-50 repräsentiert.* Dauer: 8–10 Stunden.[3]

Peyote- und San-Pedro-Kakteen

Meskalin ist die primäre, jedoch nicht die einzige psychoaktive Komponente in dem am Boden wachsenden, knopfartigen Peyote-Kaktus (*Lophophora williamsii*), ebenso wie im säulenartigen San-Pedro-Kaktus, wobei *Trichocereus pachanoi* und *Trichocereus peruvianus* die höchsten Konzentrationen aufweisen. Die Konzentration des Meskalins wird sich bei den verschiedenen Arten und Sorten erheblich unterscheiden – es können also keine Standardzahlen angegeben werden, obwohl die Konzentration des Meskalins im Peyote-Kaktus ungefähr 10-mal so stark ist wie im San-Pedro-Kaktus, das heißt, der San Pedro ist weniger potent. In den Peyote-Zeremonien der Native American Church konsumieren die Teilnehmer etwa eine Handvoll des Kaktusmaterials, das wahrscheinlich etwa 300–500 mg Meskalin enthält. Laut den Analysen des unabhängigen Botanikers und Chemikers K. Trout ergeben 100 Gramm des frischen Kaktus *Trichocereus pachanoi* etwa 25–120 mg Meskalin, eine hohe Schwankungsbreite. Die potentere Art *Trichocereus peruvianus* enthält etwa 80 mg Meskalin pro 100 Gramm des frischen Kaktus.

Der Markt für den Peyote-Kaktus ist etwas angespannt, weil er in den USA den Status eines anerkannten legalen Sakraments der Native American Church (NAC) hat. In Mexiko ist er das zentrale Sakrament der Huichol-Indianer. Dale Pendell gibt in *Pharmakognosis* einen guten Überblick über die drei Hauptstränge der Peyote-Geschichte: Mexiko mit den Huichol und den Tarahumara, der Rest Nordamerikas mit der Native American Church und die europäische Tradition via Meskalin. Er beschreibt das vorbereitende Ritual bei einer NAC-Zeremonie:

---

[3] Meskalin-Dosierungen werden in Milligramm gemessen, und LSD in Mikrogramm. 1 mg entspricht 1000 μg. Demnach ist die Potenz von LSD fast 1000-mal höher als Meskalin; dennoch sind sie gleich wirksam oder „stark", d.h. sie können die gleiche Intensität in der Reaktion hervorrufen.
Jonathan Ott hat festgestellt, dass reines synthetisches Meskalin wegen des Preises praktisch vom Schwarzmarkt verschwunden ist. „Meskalin" vom Schwarzmarkt ist wahrscheinlich maskiertes LSD. Eine typische Dosis von 500 mg Meskalin würde um die 125 US-Dollar kosten. Wegen seiner höheren Potenz ist LSD eine viel bessere marktfähige Ware. Meskalin wird viel wahrscheinlicher in der Form seiner pflanzlichen Quellen konsumiert – Peyote- oder San-Pedro-Kaktus.

Jeder, der einmal an einem Zen-Sesshin teilgenommen hat, würde sich sehr zu Hause fühlen – das vorsichtige Fegen des heiligen Raumes, die Diskussionen unter den Leitern über die Details der Zeremonie – auf welcher Seite der Klappe gehen die Leute hinaus, wird das Hauptgebet vor oder nach dem Gebet des Zedernmannes gesprochen etc. Die Grenze zum Innenraum wurde durch Bündel aus Weidenzweigen markiert, und kleine Bündel aus Salbeizweigen lagen in einem strahlenförmigen Muster um den Rand des Tipis herum. Das Holz, meist Ahorn, war sorgfältig außerhalb des Eingangs aufgestapelt. Die Sonne ging unter, und wir warteten auf den *Roadman*.

Pharmakognosis, S. 98–99

Es gibt fünf zeremonielle Hauptrollen im klassischen NAC-Peyote-Ritual: den *Wegbegleiter (Roadman)* der die Zeremonie durchführt; den *Zedernmann*, der das Räuchern mit dem reinigenden Zedernholz vornimmt; den Trommler, der im Kreis herumgeht und dabei jeden Sänger der Reihe nach mit seiner Wassertrommel begleitet; den *Feuermann*, der das lodernde Feuer in der Mitte des Tipis hütet und darüber wacht, wer das Tipi verlässt, um zur Toilette zu gehen; und die *Wasserfrau*, die bei Tagesanbruch kommt und an jeden frisches Wasser zum Trinken austeilt. Die Lieder der Peyote-Zeremonie sind keine Lieder oder Balladen, wie wir sie uns vorstellen – sie sind inspirierte Gebets-Gesänge, manchmal nur Reihen von Silben, die das Individuum von den Geistern empfangen hat, um für Heilung, für Vision, für Frieden in der Familie oder der Gemeinschaft zu beten.

Hat sich damit für dich der Kreis geschlossen? So dass du mit uns, die wir die ganze Nacht wach saßen und Peyote aßen, beten kannst? Wirst du hier sein, wenn die Wasserfrau am Morgen hereinkommt? Wenn diese Wasserfrau, so schön wie die Göttin der Gnade, mit Nahrung und Wasser eintritt, wenn sie deine Hand nimmt und dir das erste „Guten Morgen" deines neuen Lebens wünscht?

Pharmakognosis, S. 115

Bei den traditionellen Zeremonien mit *San Pedro*, das im bolivianischen und peruanischen Hochland *cuchuma* genannt wird, kocht man den gesamten Kaktus stundenlang in einem großen Gemeinschaftstopf. Ein Stück von ungefähr 30 cm Länge, so breit wie eine Hand, ergibt die angemessene Menge für die nächtliche Reise einer Person. Die Konzentration des Meskalins in diesem Kaktus ist viel geringer als beim Peyote. Sein Vorteil liegt jedoch in seinem einfachen Anbau und seinem schnellen Wachstum. Jonathan Ott weist darauf hin, dass die Samen des San-Pedro-Kaktus kein Meskalin enthalten und daher legal sind. Er kann auch aus Stecklingen gezogen werden – und ist in der Tat in vielen Gegenden des Südwestens von Amerika und natürlich in Mexiko als Zierkaktus verbreitet. Er wurde auch als konzentrierter Trank hergestellt – in einem Dampfkochtopf gekocht, was die notwendige Kochzeit drastisch reduziert. Laut Dale Pendell können auch frische Teile des Kaktus geknabbert werden, „als würde man leicht bittere Gurken essen".

> Innerhalb einer Stunde konnte ich fühlen, wie die Medizin in mir zu pulsieren begann. Ich verließ die Gruppe und begann im Wind zu wandern, der Sonne entgegen. Ein besonderes Funkeln im Sand. Meskalin-Funken. Wellenförmige Sandbänder bewegten sich über den Strand auf mich zu …

> Es ist der Wind, die Kühle, wenn die Sonne untergeht. Wir kuscheln uns aneinander. *Homo sapiens*, die kuschelnde Spezies. Wir kuscheln, erzählen lustige Dinge, teilen Visionen – ein Drachen wird ein Hummer, eine Öffnung, ein Loch durch diese Welt in eine andere. Oder wir stöhnen, das Meskalin sendet Energiewellen durch unsere Wirbelsäule hinauf und hinunter, orgiastische Wellen und Schauer und Beschwörungen, und wir liegen alle zusammen, halten uns, graben nach Wärme, Trost – dieses primäre Verlangen, tiefer als Sex, das wir so selten befriedigen. Es ist unsere Antwort auf die große Kühle, den Tod, auf die Unendlichkeit des Raums.
>
> S. 124

In einigen Teilen der entheogenen Untergrundszene in den Vereinigten Staaten und Europa ist ein nicht halluzinogener Gebrauch des San-Pedro-Kaktus aufgetaucht. Zunächst wird die Haut des Kaktus (welche die psychoaktiven Alkaloide enthält) abgeschält und getrocknet. Trocken kann sie unbegrenzt gelagert werden, ohne an Wirksamkeit zu verlieren. Danach wird sie zu feinem Pulver zermahlen, wobei noch verbliebene Stacheln entfernt werden. Aus diesem Pulver könnte man eine komplette Dosis Meskalin gewinnen, wenn es zu einer Art Schlamm angerührt würde – aber weil der Meskalingehalt in der Haut des San-Pedro-Kaktus lediglich 1–2 Prozent beträgt, müsste man 20–40 g des getrockneten Pulvers in Form dieses Schlamms konsumieren – ein schwieriges, wenn nicht gar unmögliches Unterfangen. Eine Abwandlung dieses Gebrauchsmusters wurde dennoch im Untergrund in den USA entwickelt: Das getrocknete Pulver aus der Kaktushaut wird in Kapseln der Größe 00 gefüllt; dann können 1–3 Kapseln konsumiert werden und ermöglichen ein Umherwandern mit erweiterter Wahrnehmung.

Auf diesem Niveau gibt es keine Halluzinationen bei geschlossenen Augen oder visuelle Veränderungen mit offenen Augen, wie sie bei einem Trip mit einer vollen Dosis Meskalin auftreten würden. Man kann funktionieren und sich auf äußere Aufgaben konzentrieren und keinen Unterschied bemerken. Die beste und interessanteste Wirkung dieses mild psychoaktiven Pulvers entwickelt sich beim Wandern in der Natur: Es bewirkt eine deutliche Erweiterung der optischen Tiefe und der Farbwahrnehmung, eine positive Stimmung und Kraft in der konzentrierten Meditation. Die Wirkung lässt sich ausdehnen, indem man nach etwa zwei Stunden proteinhaltige Nahrung zu sich nimmt, wodurch sie offenbar reaktiviert wird. Dieses Kaktuspulver wird manchmal in Gruppenzeremonien auch zusammen mit MDMA konsumiert – wodurch eine Art organisches, pflanzenbasiertes Substrat, das eine Vielzahl verschiedener Alkaloide enthält, zum synthetisierten und gereinigten Phenethylamin hinzukommt.

Ibogain und *Tabernanthe iboga*

Die aus der Wurzelrinde dieses tropischen Busches hergestellten Zubereitungen spielen eine wichtige Rolle bei den Initiations- und Heilungsritualen des Bwiti-Kults im äquatorialen Afrika (Zaire, Kongo). Der Tod des alten Selbst und die Wiedergeburt eines neuen, gesünderen Selbst sind die Themen, die diesem Ritual zugrunde liegen, bei dem riesige Mengen eines Breis eingenommen werden, der aus der ausgegrabenen Wurzel von *Iboga* (oder *Eboka*) besteht. Die Initiationsrituale für Jugendliche oder die Heilungszeremonien können drei Tage lang andauern und beziehen das ganze Dorf oder die erweiterte Familie mit ein. Der Initiand wird von älteren Mitgliedern des Kultes unterstützt, gebadet und zeremoniell bemalt, während Trommler, Musiker und Tänzer die Begleitung stundenlang weiterführen. Ich habe von dem italienischen Anthropologen Giorgio Samorini viel über den Gebrauch von *Iboga* in Gabun gelernt; er war einer der ersten Westler, der in den Bwiti-Kult eingeweiht wurde.

In den Sechzigerjahren setzten Claudio Naranjo, Leo Zeff, Jack Downing und einige andere Psychotherapeuten, auch ich selber, halbsynthetische und vollsynthetische Ibogain-Extrakte unterstützend bei der Psychotherapie ein. Die Dosierungen, die in diesen psychotherapeutischen Sitzungen in den Sechziger- jahren benutzt wurden, waren viel geringer als die Dosierungen, die bei den wei- ter unten beschriebenen Suchtbehandlungen eingesetzt werden. Ihre Wirkdauer entsprach der einer moderaten Dosis von LSD oder Meskalin – das heißt fünf bis sieben Stunden. *Ich würde den Dosierungsbereich für eine moderate, therapeutisch wertvolle Ibogain-Sitzung auf 200–500 mg schätzen, vergleichbar mit Meskalin.*

Shulgin gibt als effektiven Dosisbereich „Hunderte Milligramm bis ein Gramm" an; Trachsel 200–1000 mg. Beide betonen die vegetativen Stress- und Angst-Symptome, die in den Anfangsstadien des Trips auftreten können – obwohl ich mich nicht daran erinnere, dass diese bei den niedrigen bis moderaten Dosie- rungen, die wir benutzten, signifikant gewesen wären.

Bei den Experimenten, an denen ich in den 1960ern teilnahm, war ich vom Potenzial der Ibogain-unterstützten Psychotherapie beeindruckt. Im Gegensatz zu den klassischen kaleidoskopartigen und fraktalen Bildern mit persönlichen Assoziationen und einer Achterbahn der Gefühle unter Meskalin, LSD oder Psi- locybin hatte die Ibogain-Erfahrung einen ausgesprochen objektiven und dabei dennoch nicht wertenden Charakter. Bekannte von mir schilderten den Geist dieser Medizin als eindeutig maskulin, als „Mr. Iboga". In der Tat bin ich diesem Geist-Lehrer als afrikanischem Mann begegnet, der einen Schlapphut trug; er besaß eine Mischung aus afrikanischen und mythischen nordischen Gesichts- zügen und zeigte mir einige wertvolle Einsichten über mich selbst. Man konnte mit ungeteilter Aufmerksamkeit filmähnliche Szenen aus seiner Kindheit beobach- ten, als ob man durch eine Art *„Erinnerungs-Fernrohr"* sehen würde. Man konnte seine Gefühle und sein Verhalten mit einer distanzierten und doch mitfühlenden Haltung beobachten – und mit dem definitiven Gefühl, dass man es anders ma- chen könnte, gesündere Entscheidungen treffen könnte, die zu besseren Ergebnis- sen führen würden.

Seit einigen Jahren kommt synthetisches Ibogain in Suchtbehandlungen zum Einsatz, in Entzugskliniken in Kanada, Mexiko, Holland, Thailand und anderswo. Diese Kliniken benutzen Ibogain, um alle Arten von Substanzabhängigkeiten zu behandeln – inklusive von Heroin, Alkohol, Kokain, Methamphetamin, Methadon oder Oxycodon. Solche Kliniken bieten typischerweise ein umfassendes Entgiftungs- und Therapieprogramm mit ausgedehnter Vorbereitung und Nachbehandlung unter medizinischer Überwachung an. Die typischen Dosierungen in solchen Entzugs- programmen liegen bei 12–24 mg/kg Körpergewicht, sie sind also viel stärker als die psychedelischen Dosierungen, die in den 1960ern oder im Untergrund benutzt wurden. Diese Behandlungen erfordern wegen des Todesfallrisikos während einer Opiat-Entzugsphase eine strenge ärztliche Überwachung. Die Ergebnisse zeigen, dass nach der Ibogain-Einnahme die charakteristischen Opiat-Entzugssymptome oft für 5–6 Tage vollständig verschwinden, Damit gewinnen Drogenabhängige einen wichtigen Vorgeschmack darauf, wie es wäre, ganz von ihrer Sucht befreit zu sein. In den letzten Jahren sind zwei Dokumentarfilme gedreht worden, die dramatisches und inspirierendes Bildmaterial zeigen, sowohl von den indigenen Zeremonien des Bwiti-Kultes als auch vom Ibogain-Einsatz in der Suchtbehandlung: *Ibogaine – Rite of Passage*, von Ben de Loenen (2004); und *I'm Dangerous with Love* von Michael Negroponte (2010).

Psilocybe-Pilze und Psilocybin

Timothy Leary erlebte während einer Urlaubsreise in Mexiko seine initiato- rische Visionserfahrung mit *Psilocybe*-Pilzen, die von der lokalen Presse *hongos alucinantes* genannt wurden, und begann im Herbst 1960 mit seinen Harvard-For- schungsstudien. Dank einer glücklichen Fügung war kurz zuvor der psychoakti- ve Bestandteil der Pilze, genannt Psilocybin, durch Albert Hofmann identifiziert worden. Dieses wurde von der Schweizer Pharmafirma Sandoz hergestellt und für Leary verfügbar gemacht, der daraufhin mit einer Serie von Forschungsprojekten begann. Ich war einer der Doktoranden, die an diesen Studien teilnahmen. Ich konzentrierte mich auf eine Studie mit Insassen des Concord-Gefängnisses, um zu untersuchen, ob die durch Psilocybin induzierte visionäre Erfahrung eine Verhal- tensänderung unterstützen und die Rückfallquote vermindern würde. Bei meinen ersten Erfahrungen und in den verschiedenen Forschungsprojekten während des ersten Jahres in Harvard benutzten wir ausschließlich synthetisches Psilocybin in Form kleiner Tabletten von der Pharmafirma Sandoz. Nachdem Harvard diese For- schungsprojekte eingestellt hatte, kam seitdem niemand mehr von uns je wieder in Kontakt mit synthetischem Psilocybin. Kürzlich ist ein Band mit den gesammelten Studienergebnissen der frühen Psilocybin- und LSD-Studien erschienen, die der

Kulturhistoriker James Penner unter dem Titel *Timothy Leary – The Harvard Years* zusammengestellt und herausgegeben hat.

In *The Psychedelic Experience* gaben wir als Dosierungsbereich für Psilocybin in der „A"-Spalte 40–50 mg an, was ich heute als gefährliche Überdosis betrachten würde. Tatsächlich erlebte ich einen der schlimmsten psychotischen Trips meines Lebens, in dem ich dem Selbstmord nahe war, wie ich es in *Birth of a Psychedelic Culture* beschrieben habe, mit einer Dosis von 60 mg. In der Spalte „B" in *The Psychedelic Experience* schlugen wir damals 20–30 mg für erfahrene User vor, was ich immer noch für hochdosiert halten würde. Shulgin gibt 10–20 mg an; Trachsel 8–25 mg; Torsten Passie, ein deutscher Forscher, gibt 3 Grade mit einem Gesamtbereich von 10–35 mg an; Ott nennt 5–50 mg und dehnt damit erneut die Skala nach oben aus.

Meine eigene aktuelle Schätzung des Dosierungsbereichs für Psilocybin liegt bei *10 mg für ED-50 und 25 mg für DD-50*. Eine Psilocybin- oder Pilzerfahrung dauert 3–6 Stunden, d.h. etwa halb so lange wie ein LSD- oder Meskalin-Trip. Jonathan Ott schätzt als groben Richtwert für den wirksamen Dosisbereich von *Psilocybe*-Pilzen, dass 5 g getrocknete *Stropharia cubensis*, die am häufigsten gefundene Art, ungefähr 25 mg Psilocybin enthalten – *die ED-50 dieser Pilze wäre also 2 g und die DD-50 wäre 5 g.*

Die Wirksamkeit von verschiedenen Pilzzubereitungen variiert stark, und der verantwortungsvolle Anwender wird eine angemessene Voruntersuchung durchführen und Vorsicht üben.

Es gibt eine Kreuztoleranz zwischen allen drei Drogen (LSD, Meskalin und Psilocybin). Das bedeutet, es gibt einen beständigen Zeitraum von etwa 24–36 Stunden nach Einnahme einer dieser Drogen, in dem die Intensität der Reaktion auf eine der anderen um circa 50 Prozent reduziert ist. Abgesehen von der Dauer würden die meisten Probanden die wahrnehmungsverändernden und psychologischen Wirkungen sowie das spirituelle Potenzial dieser drei Substanzen als quasi identisch beschreiben.

In den neuesten von der US-Regierung genehmigten Forschungsprojekten untersuchte Charles Grob Psilocybin in Hinblick auf die Linderung der Angst vor dem Lebensende, und Roland Griffiths erforschte das Herbeiführen einer mystischen Erfahrung – wobei die letztere eine sorgfältiger kontrollierte Wiederholung der berühmten „Good Friday"-Studie darstellte, die in den Sechzigerjahren von Dr. Walter Pahnke durchgeführt worden war. Studien mit bildgebenden Verfahren am Gehirn von Teilnehmern, die Psilocybin genommen hatten, haben vor kurzem einige sehr interessante Resultate in Bezug auf die Idee der Bewusstseinserweiterung geliefert. Diese Studien, die am Imperial College London unter der Leitung von David Nutt mit Hilfe der funktionellen Magnetresonanz-Tomographie durchgeführt wurden, zeigten eine *verminderte Durchblutung* in „Nabenbereichen" des Gehirns, welche die funktionelle Vernetzbarkeit und die Konzepte von „Selbst" und „Ego" betreffen. Diese Ergebnisse stimmen mit der Vorstellung überein, dass Psychedelika wie Psilocybin die normale Filterfunktion des Gehirns, die Aldous Huxley metaphorisch das „Druckreduzierventil" nannte, reduzieren oder aufheben.

Soweit es die psychedelische Untergrundszene betrifft, scheint synthetisches Psilocybin, wie auch das pharmazeutische Meskalin, grundsätzlich nicht verfügbar zu sein. Wie bei Meskalin, Peyote und San Pedro trieb die Illegalisierung der Drogen den Untergrund dazu an, nach wildwachsenden und kultivierten Produkten zu suchen, welche die psychoaktive Essenz enthielten – was dann zufälligerweise zur Wiederentdeckung der traditionellen indigenen Nutzung dieser Substanzen führte.

In einem 1957 im *Life Magazine* veröffentlichen Artikel enthüllte R. Gordon Wasson, der Ethnomykologe und Bankier, das Überleben eines traditionellen, aus der Zeit vor der Eroberung stammenden mexikanischen Pilzkultes in den abgelegenen Dörfern in Oaxaca. Darauf folgte einige Jahre lang eine ungewollte Flut von Hippie-Touristen, die auf der Suche nach diesen traditionell heiligen entheogenen Pilzen in die mexikanischen Bergdörfer einfielen. Seitdem sind immer mehr Sorten und Arten psilocybinhaltiger Pilze gefunden und identifiziert worden – besonders im pazifischen Nordwesten, aber auch in Hawaii, Europa, Australien, Indonesien, Bali, Thailand und anderswo. 1976 produzierten die McKenna-Brüder, Terence und Dennis, unter den Pseudonymen O.T. Oss und O.N. Oeric die erste Publikation, in dem eine ergiebige Methode zum Indoor-Anbau des *Psilocybe*-Pilzes beschrieben wurde.

Psilocybin und Psilocin sind in der Natur vorkommende Psychedelika mit einer langen Geschichte ihrer Nutzung durch Menschen. Beide sind in „psychedelischen" oder „magischen" Pilzen vorhanden. Psilocybin, die bekanntere dieser chemischen Komponenten, wird nach Einnahme zu Psilocin, der ersten aktiven Komponente, chemisch umgewandelt. Paul Stamets, der Autor des massgeblichen Handbuches *Psilocybin Mushroom Species of the World* (1996), stellt fest, dass es nicht weniger als 100 verschiedene psychoaktive Arten gibt, meist zur Gattung *Psilocybe* gehörend, die 80 Unterarten hat, inklusive die Gattungen *Panaeolus, Pluteus, Conocybe* und andere. Natürlich findet man bei den verschiedenen Arten erhebliche Schwankungen im Gehalt an Psilocybin.

Stamets zeigt eine Tabelle, die den Psilocybingehalt von einem Dutzend verschiedenen Arten in Prozent angibt. Bei abnehmendem Stärkegrad sind die ersten sechs Arten *P. azurescens, P. bohemica, P. semilanceata, P. baeocystis, P. cyanescens, P. tampanensis* und *P. cubensis.* Die Pilze werden in der visionären Pilz-Untergrundkultur normalerweise getrocknet, aufbewahrt und dann mit Wasser reaktiviert. Manchmal werden sie mit Schokolade gegessen, was offenbar die traditionelle Methode bei den Azteken war.

Dale Pendell schreibt über *The Genus Psilocybe: Teonanácatl*, wobei er besonders die oft beobachtete Verbindung zwischen Psilocybe-Pilz-Erfahrungen und dem Wesen und Ursprung von Sprache und besonders der orakelartigen Poesie betont.

Eine vor-menschliche Weisheit aus dem Paradies, weggesperrt, versteckt in uralten Lebensformen, wie die in einer Höhle verborgenen Schriftrollen. Oder wie die Engel eines archaischen Göttergeschlechts, deren Tempel ein Teil des Geistes sind, deren Fundamente ungezählte Städte und Reiche haben aufsteigen und fallen sehen.

Und nun weiß ich, auch ich weiß. Ich, der deinen Schrei gehört hat; ich, der deinem Wehklagen eine Stimme gegeben hat, nun weiß ich, woher die Worte kommen, nun weiß ich, wo die Sprache beginnt, nun weiß ich, wie sich echte Worte anhören und nun weiß ich, was Wehklagen bedeutet – und nun weiß ich, warum wir aufrecht gehen und warum wir Opfer darbringen.

Pendell, D. , *Pharmakognosis,* S. 33–37

Ayahuasca oder *Yajé*

Ayahuasca ist ein halluzinogenes Pflanzendekokt, das seit Hunderten, wenn nicht Tausenden von Jahren von den einheimischen indianischen und Mestizen-Schamanen in Peru, Kolumbien und Ecuador für Heilung und Divination eingesetzt wurde. Es ist bei verschiedenen Stämmen unter verschiedenen Namen bekannt, darunter *Caapi, Natema, Mihi und Yajé*. Der Name *Ayahuasca* kommt aus der Quechua-Sprache: *Huasca* bedeutet „Liane" oder „Winde, Ranke" und *Aya* bedeutet „Seelen" oder „tote Leute" oder „Geister". Also wären „Liane der Toten," „Liane der Seelen" oder „Liane der Geister" allesamt zutreffende Übersetzungen. Dennoch ist der Name etwas irreführend, denn die Liane *Banisteriopsis caapi* ist lediglich einer von zwei essenziellen Bestandteilen des halluzinogenen Gebräus; der andere besteht aus den Blättern der Pflanze *Psychotria viridis*, welche Dimethyltryptamin (DMT) enthält. DMT hat aber oral eingenommen keine aktive Wirkung, da es durch das mitochondriale Enzym Monoaminooxidase (MAO) zersetzt wird. Bestimmte chemische Anteile in der Liane blockieren die Aktivität von MAO und werden daher MAO-Hemmer genannt. Ihr Vorhandensein in dem Gebräu macht die psychoaktive Komponente verfügbar und lässt sie über den Blutkreislauf ins Gehirn zirkulieren, wo sie den visionären Zugang zu den Welten und Wesen der Anderswelt auslöst, der typischerweise vier bis fünf Stunden anhält.

Neben seiner Verwendung bei den südamerikanischen Mestizen-Schamanen ist Ayahuasca auch in die urbane Bevölkerung Brasiliens eingewandert, wo es im Zentrum der Zeremonien zweier religiöser Bewegungen steht – der UDV (*União do Vegetal*) und der *Santo Daime*, wodurch etwa mehrere hundert Teilnehmer allein in Brasilien ein- oder zweimal im Monat Ayahuasca trinken. Zudem haben diese Volksreligionen Anhänger und Gemeinden in verschiedenen europäischen Ländern und den Vereinigten Staaten gewonnen. Man kann also mit Sicherheit sagen, dass Ayahuasca heutzutage das meistkonsumierte Halluzinogen weltweit ist.

Jonathan Ott zitiert in *Ayahuasca Analogues* (1994), seinem Überblick der Studien zu Ayahuasca, verschiedene chemische Analysen von Proben, in denen man feststellte, dass durchschnittlich etwa 29 mg DMT in den Zubereitungen enthalten waren. Eine solche Dosis liegt am unteren Ende des Spektrums für gerauchtes

DMT, dauert aber 4–5 Stunden statt 5–10 Minuten. Die Aufnahme von DMT durch die Beimischung im Ayahuasca-Trank ist klar effizienter, als wenn es geraucht wird. Otts Studie zeigte, dass der Anteil an DMT in den fünf verschiedenen Ayahuasca-Proben von 0,1 bis 1,46% variierte, mit einem durchschnittlichen Gehalt von 0,68%.

In meiner Essaysammlung *Ayahuasca – Sacred Vine of Visions* (2013) weist der Neurochemiker J.C. Callaway darauf hin, dass

„… DMT unter normalen Umständen sehr schnell von MAO verstoffwechselt wird, dem gleichen Enzym, das Serotonin umwandelt [...]

Nachdem MAO durch die Harmalin-Alkaloide blockiert worden ist, wird oral eingenommenes DMT aktiv, und oft zeigen sich durch diese Kombination komplizierte visuelle Darstellungen von farbigen Mustern [...] Es sollte darauf hingewiesen werden, dass sich die Wirkungen von oral aktiviertem DMT qualitativ vom gerauchten oder injizierten DMT ohne MAO-Hemmung unterscheiden [...] Wenn DMT geraucht oder gespritzt wird, verfügt es offenbar ungefähr über den Erkenntnisgehalt einer Feuerwerksshow."

S. 106–107 ff.

Callaway berichtete in seiner Analyse von 20 Proben des *Hoasca*-Tees, der in der UDV benutzt wird, dass sie durchschnittlich 36 mg DMT pro Dosis enthielten, in einer Bandbreite von 29 bis 43 mg.

Der Schlüssel zu den erstaunlichen, heilenden und therapeutischen Visionen einer typischen Ayahuasca-Erfahrung scheint ihre Wirkung auf den *Serotonin*- oder *5-Hydroxytryptamin*-Spiegel des Gehirns zu sein. Bei Zuständen von Depression, Angst, Reizbarkeit, Gewalttätigkeit, Schlaflosigkeit und einer weiteren Anzahl psychosomatischer Beschwerden ist ein elementarer Serotoninmangel beteiligt. Serotonin wird im Körper normalerweise vom MAO-Enzym metabolisiert, und daher führt die MAO-hemmende Substanz zu einem Anstieg des endogenen Serotoninspiegels im Gehirn, der während einer typischen Ayahuasca-Erfahrung etwa vier bis fünf Stunden lang anhält. Der erhöhte Serotoninspiegel ist womöglich auch dafür verantwortlich, dass Menschen, die Ayahuasca genommen haben, oft auffallend ruhig bleiben und keine Furcht vor den scheinbar erschreckenden Visionen zeigen, mit denen sie konfrontiert werden.

Serotonin kommt ebenfalls in den Eingeweiden vor, wo es die Beweglichkeit des Darmtraktes erhöht und bei höheren Spiegeln Erbrechen und/oder Durchfall auslösen kann. Dies ist die Grundlage der reinigenden Wirkung von Ayahuasca, die unter einigen der *Mestizen*-Heiler als *la purga* bekannt ist. Diese Heiler empfehlen oder fordern (je nachdem, wie strikt sie an die Tradition gebunden sind) eine deutliche Reduktion der Eiweißzufuhr zugunsten einer einfachen Kohlenhydrat-Diät als Vorbereitung für die Ayahuasca-Zeremonie. Wie viele Berichte aus meiner Sammlung von Ayahuasca-Erfahrungen belegen, erlebt man die Reinigung, die eine Ayahuasca-Erfahrung üblicherweise mit sich bringt, nicht als Symptom einer bestehenden Krankheit, wie es normalerweise der Fall wäre, sondern eher als eine willkommene Befreiung von den toxischen Rückständen der persönlichen Lebenserfahrung in der modernen industrialisierten Gesellschaft.

Dale Pendell schreibt in *Pharmakognosis* über seine Ayahuasca-Visionen:

Das Erste, was ich lernte, war, dass Ayahuasca etwas ganz anderes ist als eine Pflanze. Es ist eine sehr große Schlange, eine Boa, die unter Wasser lebt. Diese Boa lockerte ihre Windungen und nach einer Weile konnte ich wieder wie ein normaler Mensch atmen. Sie hustete etwas Schleim hoch und wies mich an, diesen zu schlucken. Sogar das tat ich. Aber erst als ihre Fänge in meinem Nacken waren, konnte ich singen.

Es gab dort viele irisierende Frauen – irisierende Mädchen, die mit den Pekari-Frauen Mais mahlten und *Chichu* herstellten. Die Boa schwamm auf mich zu und schluckte mich. Drinnen war es wie in einer Höhle, und die Rippen der Boa waren funkelnde Stalaktiten. Die Liane ist die Königin der Medizinen. Es ist die Liane, welche die Formen hervorbringt. Wir fügen die Blätter hinzu, um ihnen Licht zu geben.

Ich sah den Ursprung des Universums in dem Brech-Becken verschwinden, in Farben, die ich nie zuvor gesehen hatte. Genug! Zehntausend Leiden, seid vorbei. Die Krankheiten der Welt und meine eigenen. All die Ignoranz und Gier und Furcht, all die selbstzentrierten Absicherungen, die allen wehtun und alles verschlimmern.

Zitat S. 141–154

Es versteht sich von selbst, dass man zur Dosierung von Ayahuasca keine allgemeingültigen Richtlinien angeben kann, da das Gebräu von den Gruppenleitern oder Kirchenvertretern gemäß ihrem Glauben, ihrer Ausbildung und ihrer Erfahrung vor Ort hergestellt wird. Daher ist es dringend zu empfehlen, dass potenzielle Zeremonieteilnehmer sich sorgfältig im Voraus über die Qualifikationen und Vorerfahrungen derjenigen Person informieren, welche die Ayahuasca-Medizin zur Verfügung stellt. Ayahuasca ist in mehreren südamerikanischen Ländern eine Volksmedizin, und Touristen können damit gefüllte Flaschen im Straßenverkauf erwerben (ein Brauch mit offenkundigen Gefahren).

Selbst erfahrene einheimische und westliche Medizinmänner und -frauen können bei der Herstellung des Tranks Fehler machen. Das habe ich zu meinem Bedauern einmal erlebt, als ich an einer Zeremonie teilnahm, in welcher der Ayahuasca-Trank (bei dem man als normale Dosis üblicherweise einen kleinen Becher Flüssigkeit austrinkt) in so hochkonzentrierter Form ausgeschenkt wurde, dass *ein Teelöffel* der Flüssigkeit als Standarddosis ausreichen sollte. Als ich um einen zusätzlichen Booster bat, weil die anfängliche Wirkung nur unterschwellig war, gab man mir einen zusätzlichen halben Teelöffel. Diese Dosierung führte einen dissoziierten Zustand herbei, der über einige Stunden dauerte, wobei ich mich weder an meine Erfahrung noch an meine offenbar störenden Lautäußerungen erinnern konnte. Meine Gefährten brachten mich in einen anderen Raum im unteren Stockwerk des Hauses, ein Vorgang, an den ich absolut keine Erinnerung mehr hatte. Obwohl die Erfahrung keinerlei negative Nachwirkungen bei mir hinterließ, betrachtete ich mein Verhalten, für das ich mich entschuldigte, als völlig unangemessen und das des Medizin-Herstellers als törichtes Experiment – wofür er sich entschuldigte.

Jurema und *Mimosa tenuiflora*

Mimosa tenuiflora (syn. *Mimosa hostilis*) ist der Name eines Busches oder Baumes, der im Nordosten Brasiliens und dem südlichen Mexiko heimisch ist. Seine einheimischen Namen sind *Jurema* und *Tepezcohuite*. Ein Dekokt aus Rinde und Blättern wird zur Behandlung von Hauterkrankungen, Zahnschmerzen und Bronchitis eingesetzt. Das Holz wird auch zum Heizen verwendet, und die Rinde findet Verwendung wegen ihres Gehalts an Gerbsäure. Der entheogene Zusammenhang besteht darin, dass die getrocknete Rinde der Wurzel dieser Pflanze einen DMT-Gehalt von etwa 1% aufweist. Dies ist, wie oben erwähnt, vergleichbar mit dem DMT-Gehalt von annähernd 0,68% in den Blättern von *Psychotria viridis*. Die Begriffe *Jurema* oder *Vinho de Jurema* weisen auf ein psychoaktives/entheogenes Dekokt hin, bei dem diese Wurzelrinde mit einer zweiten, zur MAO-Hemmung notwendigen Pflanze kombiniert wird. Wegen dieser Kombination aus einer DMT-haltigen und einer MAO-hemmenden Pflanze bezeichnen manche es als „Ayahuasca-Analogon".

In den modernen psychedelischen Untergrundkreisen wird das Dekokt aus der Mimosa-Rinde normalerweise mit den Harmalin enthaltenden Samen von *Peganum harmala* kombiniert. Diese Pflanze, die in Brasilien nicht heimisch ist, aber im Iran und Nordwesten Indiens, hat einige zu der Spekulation veranlasst, dass sie ein Bestandteil des alten persischen Zeremonie Tranks Haoma gewesen sein könnte. Anders als beim Ayahuasca-Dekokt, wo die DMT-haltigen Psychotriaviridis-Blätter und die harmalinhaltigen Rindenstücke von *Banisteriopsis caapi* über mehrere Stunden zusammengebraut werden und dann als ein Dekokt getrunken werden, besteht das Verfahren mit Jurema aus zwei getrennten Schritten. Zunächst werden die gemahlenen und eingeweichten Harmala-Samen bis zu einer Stunde vorher eingenommen, um die MAO-Enzyme im Magen zu deaktivieren. Danach wird der Extrakt aus der *Mimosa-hostilis*-Rinde in Form eines gekochten oder eines Kaltwasser-Aufgusses getrunken. Die Wirkungen dieser Kombination sind mit Ayahuasca in Hinsicht auf die Visionen und Körperempfindungen vergleichbar – aber mit weniger oder ganz ohne Erbrechen und Übelkeit.

Man hatte angenommen, dass Jurema-Rituale in Brasilien ausgestorben seien, bis 1997 eine Brasilianerin namens Yatra da Silveira Barbosa, die sich mit der Kombination der für das visionäre Dekokt notwendigen Zutaten vertraut gemacht hatte, nach Brasilien reiste, um mit den dort verbliebenen Stämmen, die nach wie vor Jurema benutzten, Kontakt aufzunehmen. Yatra hatte in den frühen Neunzigerjahren in Holland ein Zentrum zur Behandlung und Heilung von Suchterkrankungen aufgebaut, wo sie zunächst Ayahuasca in Verbindung mit der *Santo-Daime*-Kirche und unabhängig davon später unter dem Namen *Friends of the Forest* die Jurema-Kombination benutzte. Als sie 1997 nach Brasilien reiste, entdeckte sie, dass die *Caboclos* (zeremonielle Heiler) den DMT-haltigen Jurema-Trank zu sich nahmen. Aber sie hatten das Wissen über den pflanzlichen

Zusatz verloren, der die MAO-Hemmung auslöst, und dadurch waren ihre Rituale zu „leeren" Zeremonien geworden, in denen die Teilnehmer keine visionären Heilungszustände erlebten.

Als wunderschönes Beispiel ethnobotanischer Revitalisierung zeigte sie den Stammesschamanen, wie sie die nicht-einheimischen Samen von *Peganum harmala*, die sie mitgebracht hatte, in Verbindung mit dem Jurema-Dekokt verwenden konnten – und stellte somit deren Fähigkeit wieder her, in visionäre Trancezustände einzutreten. In einem Artikel im MAPS-Newsletter (1998) schrieb Yatra:

> „Mir wurde die Tatsache bewusst, dass die Geister (*encantados*) zu ihnen auf dieser materiellen Ebene kommen, wenn sie nur das Jurema (*Mimosa*) trinken, und dass die Türen sich öffnen, wenn sie Jurema zusammen mit Peganum trinken, so dass sie das Land der Geister selbst besuchen können."

Psychedelika und Neurotransmitter

Neurotransmitter sind diejenigen chemischen Stoffe im Gehirn, welche für die Übertragung von elektrischen Signalen von einem Neuron zum nächsten über die Synapsen notwendig sind. Die beiden häufigsten Neurotransmitter, die für die erregende oder hemmende Wirkung bei 90 Prozent der Neuronen des Gehirns benötigt werden, sind GABA und Glutamat. Die meisten Psychedelika interagieren vor allem mit dem Neurotransmitter Serotonin, aber unterschiedlich stark auch mit Norepinephrin, Dopamin und Acetylcholin. Dies ist seit den Fünfzigerjahren bekannt, und vermutlich ist es der Grund für ihre „Kreuztoleranz" untereinander. Kreuztoleranz bedeutet, dass die Person für einen Zeitraum von einigen Stunden nach Einnahme irgendeiner psychedelischen Substanz „Toleranz" zeigt, das heißt, dass sich bei einer normalen Dosis irgendeiner der anderen Substanzen nur eine verminderte oder gar keine Wirkung einstellt.

Neben ihren Wirkungen auf die Serotoninausschüttung beeinflussen Phenetylamine wie MDMA den Neurotransmitter Norepinephrin, der primär an den Wirkungen von Stimulanzien wie Amphetamin (ebenfalls ein Phenethylamin) beteiligt ist. Vielleicht erklärt dies die energetisierenden, subjektiv stimulierenden Eigenschaften der Phenethylamine im Unterschied zu den Tryptaminen.

Man kann dies auf der subjektiven Erfahrungsebene beobachten, wenn man den äußerst schnellen, fast hämmernden Rhythmus der typischen Peyote-Gesänge mit den eher beruhigenden, sanften und melodischen, spirituell heilenden Liedern vergleicht, welche die Ayahuasqueros und *Curanderas* des heiligen Pilzes wie Maria Sabina singen.

Die Forschung der letzten Jahrzehnte hat das wissenschaftliche Verständnis der Komplexität und Verbreitung des Serotonins im menschlichen Gehirn und Nervensystem stark erweitert. Die aktuelle Forschung konnte die Hauptwirkung von Psilocybin und anderen Tryptamin-Psychedelika unter den Dutzend oder mehr Rezeptoren, die für Serotonin empfänglich sind, an einem spezifischen Ort lokalisieren. Man nennt Serotonin einen „Stimmungsregler", der sowohl Wut als auch Depression wieder auf eine zentrale ausgleichende Ebene bringt. Gemäß meiner eigenen spekulativen Hypothese ist es Serotonin, das in die „Erweiterung des Bewusstseins" involviert ist – eine Erhöhung der Wahrnehmung und des Verständnisses, was die emotionale Haltung ins Gleichgewicht bringen kann. Mit anderen Worten, Serotonin könnte der Neurotransmitter für emotionale Intelligenz oder Ausgeglichenheit sein.

Man fand neuronale Schaltkreise, die Serotonin als wichtigsten Neurotransmitter benutzten, im Säugetier- oder limbischen System des Gehirns, dem ein Großteil unseres Gefühlslebens zugrunde liegt, besonders die elementaren Säugetier-Gefühle (Angst, Wut, Zuneigung). Solche neuronale Kreise findet man in Paul McLeans Modell auch in Teilen des Hirnstamms, dem sogenannten *Reptiliengehirn*. Diese Erkenntnisse werden in naheliegender Weise mit dem Gefühl von Selbstwahrnehmung, dem Gewahrsein unseres evolutionären tierischen Erbes und dem schamanischen Gespür für die Verbundenheit oder Identifikation mit tierischem Bewusstsein verbunden.

Als wohl provokanteste Tatsache hat sich erwiesen, dass Serotonin der primäre Neurotransmitter für das *enterale Nervensystem* ist, ein System mit 100 Millionen Neuronen, die in und um den Verdauungstrakt herum verteilt sind. Dieses Gehirnsystem ist neuronal nahezu unabhängig von der Großhirnrinde. Es wird als der evolutionär älteste Teil unseres Nervensystems betrachtet. Ich vermute, dass die Rolle von Serotonin in diesem Gehirnsystem – und die möglichen Wirkungen von Psychedelika in diesem System – die Basis sein könnte für Erfahrungen evolutionären Erinnerns, für gesteigertes instinktives Wissen (Bauchgefühl) und für die Heilung psychosomatischer Störungen, die mit Psychedelika möglich ist.

Zusätzlich zur Wirkung der Tryptamine auf die Serotoninrezeptoren könnte es auch indirekte Wirkungen des Psilocybins auf Dopaminrezeptoren geben. Manche denken, dass Dopamin derjenige Neurotransmitter ist, der am stärksten an der Erfahrung von Vergnügen beteiligt ist – zum Beispiel beim Kokainrausch. Die Interaktion mit Dopamin könnte ebenso der Grund sein für die erotisch-ekstatischen Empfindungen und Gefühle, die Teil der Wirkung der Psilocybe-Pilze sein können.

Untersuchungen der chemischen Strukturformeln der entheogenen und endogenen Tryptamine haben erstaunliche Ähnlichkeiten und Parallelen aufgezeigt, die den Eindruck erwecken, dass es systemische interaktive Wirkungen gibt, wenngleich sie diese nicht beweisen. Das zentrale Molekül, Tryptamin, besteht aus einem Indolring und einer Amin-Seitenkette. Es wird im Körper aus dem über die Nahrung aufgenommenen Tryptophan, einer der essenziellen Aminosäuren, synthetisiert. Serotonin ist *5-Hydroxy-Tryptamin (5-HT)*, das Tryptamin-Molekül mit einer Hydroxy-Gruppe (OH) an Position 5 des Indolrings.

Serotonin selbst kann über eine orale Einnahme nicht absorbiert werden, da es die Blut-Hirn-Schranke nicht überwinden kann. Es wird im Gehirn (wahrscheinlich in der Hypophyse und in der Zirbeldrüse) aus Tryptophan über das Zwischenprodukt *5-Hydroxy-Tryptophan (5-HTP)* synthetisiert. Beide, Tryptophan und 5-HTP, können oral absorbiert werden und erhöhen den Serotoninspiegel im Gehirn; beide werden zur Behandlung von Depressionen eingesetzt. Zahlreiche Studien belegen, dass Depression, aber auch Wut, Schlaflosigkeit und suchtartiges Verlangen mit Serotoninmangel zusammenhängen, den man mit 5-HTP behandeln kann. Bekannte pharmazeutische Produkte aus der SSRI-Gruppe (wie Prozac, Zoloft und andere) erhöhen ebenfalls den Serotoningehalt an den Synapsen; sie tun dies jedoch über eine selektive Hemmung der „Wiederaufnahme" des Serotonins, indem sie verhindern, dass es gespeichert wird, so dass es an der Synapse besser verfügbar ist.

Für weitere Informationen in Bezug auf die Rolle der verschiedenen Neuro-transmitter im menschlichen Nervensystem sei der Leser auf die Kapitel von J.C. Callaway in meiner Anthologie zu Ayahuasca verwiesen sowie auf das Kapitel von David Presti und David Nichols in meiner Anthologie zu den *Psilocybe*-Pilzen.

Ausgewählte psychoaktive Tryptamine

DMT – Dimethyltryptamin

DMT und seine Derivate, inklusive 5-MeO-DMT, können bei oraler Ein-nahme nicht absorbiert werden, weil sie von den MAO-Enzymen im Verdau-ungstrakt umgehend abgebaut werden. In der medizinisch-pharmakologischen Forschung verabreicht man die Droge per intramuskuläre oder intravenöse Injektion, wie zum Beispiel im DMT-Forschungsprojekt von Rick Strassman, der es *spirit molecule* (Geist-Molekül) nannte. In der informellen Untergrundkultur verwendet man diese Methode aus naheliegenden Gründen selten, und die bevorzugte Einnahmemethode ist das Rauchen der freien Base, entweder aus einer Wasserpfeife oder auf Petersilie aufgesprüht, oder über Inhalation aus ei-nem Verdampfer.

Die Shulgins und Trachsel geben in ihrem Kompendium zu den psycho-aktiven Tryptaminen 60–100 mg als Dosierungsbereich für DMT an, wenn es ge-raucht oder inhaliert wird, obwohl Dale Pendell vermutet (und ich stimme dem zu), dass dies ein Fehler sein könnte – die Erfahrungen, die sie unter den höhe-ren Dosierungen beschreiben, sind größtenteils dissoziativer Natur. Jonathan Ott gibt 25–30 mg als (unteren) Schwellenwert für gerauchtes DMT an.

Meine eigenen Schätzungen *bei gerauchtem/inhaliertem DMT liegen bei 25–30 mg für die ED-50 und für die DD-50 bei 50–60 mg.* Die Droge wird im Körper extrem schnell abgebaut: Die Wirkdauer nach dem Rauchen/Inhalieren liegt bei höchstens 5–10 Minuten, kaum lange genug, um das schwirrende Kaleidoskop fraktaler Muster ohne erkennbaren persönlichen oder kulturellen Inhalt wahr-zunehmen. In *Die Kröte und der Jaguar* zitiere ich eine persönliche Erfahrung mit sowohl höllischen als auch himmlischen Dimensionen innerhalb einer Zeit-spanne von weniger als 5 Minuten. Eine intramuskuläre (i.m.) oder intravenöse (i.v.) Einnahme, wie in Strassmans Studien und bei einigen unserer frühen Experimente in Harvard, dehnt die Wirkung auf etwa 45–60 Minuten aus. (Natürlich müssten die injizierten Dosierungen ebenfalls deutlich niedriger sein als beim Rauchen.) Aufgrund der kurzen Wirkungsdauer von DMT beim Rauchen und der Unmöglichkeit des Konsums durch Schnupfen – nur schon der benötigten Menge wegen – betrachte ich die Substanz an sich nicht als nutzbar für entheogene Anwendungen. Ich finde es auch interessant, dass mein Freund Terence McKenna, der durch seine schillernden Darstellungen DMT-inspirierter Visionen bekannt wurde, in späteren Jahren mehr oder weniger vom persönlichen Gebrauch dieser Medizin Abstand nahm.

Dale Pendell schreibt in seinem Buch *Pharmakognosis* in einem Kapitel mit der Überschrift *Topology of the Between* („Topologie des Dazwischen"):

> DMT verstärkt die mentalen Wahrnehmungen der bildhaften Symbolik in einer so mannigfachen Vergrößerung, dass die üblichen Wegmarken des Egos – wer ich bin, wie ich auf Dinge reagiere, welche Dinge ich in dieser und jener Situation sage – abhanden kommen. Dieses Flirten mit dem Wahnsinn, begleitet von einem gewissen Terror, lässt sich, so denke ich, getrost als „Nervenkitzel" (*thrill*) einstufen.
>
> S. 234

5-MeO-DMT – 5-Methoxy-Dimethyltryptamin

Auch wenn es sowohl in der Forschung als auch in den Untergrundkreisen viel weniger bekannt ist, stellt 5-MeO-DMT meiner Meinung nach eine viel interessantere Substanz dar, die möglicherweise weitreichende Anwendungsmöglichkeiten in der Medizin, Pharmakologie und Psychotherapie bieten könnte. Es ist das Thema meiner Monographie *Die Kröte und der Jaguar*, in der die „Kröte" auf die in der Sonora-Wüste lebende Kröte *Bufo alvarius* verweist, die 5-MeO-DMT als einen Bestandteil ihres abwehrenden Giftes absondert. *Jaguar* in dem Titel bezieht sich auf einen Codenamen für diese Substanz in Untergrundkreisen, insbesondere wenn es durch die Nase eingenommen bzw. geschnupft wird. Es wurde von mehreren südamerikanischen Indianerstämmen berichtet, dass sie 5-MeO-DMT-haltige Pflanzenzubereitungen als Schnupfpulver benutzen.

Beide, sowohl Shulgin als auch Trachsel, geben 6–20 mg als „allgemeine Dosierungsbandbreite" für 5-MeO-DMT an, wenn es geraucht oder über einen Verdampfer inhaliert wird. Aus den veröffentlichten Daten im *TIHKAL* der Shulgins sowie durch meine eigenen Beobachtungen in Untergrund-Forschungskreisen würde ich schätzen, dass die *ED-50 von gerauchtem oder inhaliertem 5-MeO-DMT bei 5 mg und die DD-50 bei 15 mg* liegt. Dies bedeutet auch, dass 5-MeO-DMT annähernd fünf bis sechs Mal potenter ist als DMT – das heißt, man benötigt viel weniger von der Substanz, um die gewünschte Intensität der Erfahrung zu erreichen. Dies hat ebenfalls zur Folge, dass es relativ einfach ist, 5-MeO-DMT über Schnupfen oder Rauchen aufzunehmen – eine effektive Dosis ist eine sehr kleine Menge von Pulver, die leicht in einem Zug eingeschnupft oder inhaliert werden kann. Verglichen damit benötigt man für das Rauchen einer effektiven Dosis (100mg) von DMT in Pulverform normalerweise mindestens drei oder vier tiefe Züge; und es wäre schmerzhaft und praktisch unmöglich, eine solche Menge an Pulver über nasale Insufflation aufzunehmen.

Ein weiterer Vorteil der Schnupfmethode liegt in der Dauer der Wirkung: Wenn es geraucht wird, wirkt 5-MeO-DMT etwa 10–15 Minuten lang, etwas länger als das einfachere Molekül DMT. Wenn es hingegen geschnupft wird, dauert es bis zum Einsetzen der Wirkung etwa 5–10 Minuten und hält dann 50–75 Minuten an – besonders wenn man es in einem zweiphasigen Prozess einnimmt, wie in *Die Kröte und der Jaguar* beschrieben. Bei diesem Prozess wird in einem ersten Schritt nach vorbereitender Meditation eine ED-50-Schwellendosis von 5 mg geschnupft, was wahrnehmbare muskelentspannende Effekte, die Wahrnehmung eines weichen, warmen Fließens in allen Körperteilen sowie einfacher farbiger Muster hervorruft. Die Hauptwirkung tritt nach circa 20–30 Minuten ein. Analog kann man sagen, es ist, als ob man auf einem Boot seine „See-Beine" findet – der Körper erkennt die Medizin und entspannt sich durch ihre Wirkung. Viele Teilnehmer können bei diesem Wirkungsgrad gegenwärtige Themen in ihrem Leben erforschen und psychosomatische Heilung herbeiführen. Diejenigen, die in tiefere Ebenen gehen möchten, können sich dann dafür entscheiden, weitere 5–10 mg über die Nase einzunehmen, was eine Vertiefung und Ausdehnung ihrer Erfahrung für weitere 50–60 Minuten ab Einnahme der zweiten Dosis ermöglicht.

Weitere synthetische psychoaktive Tryptamine

Shulgin verzeichnet in seinem Kompendium *TIHKAL* (*Tryptamines I Have Known And Loved*) 55 Verbindungen, bei denen er die chemische Synthese jeder einzelnen Substanz sowie Erfahrungsberichte und Bewertungen seiner Mitarbeiter aufführt. Seit der Veröffentlichung seines Buches in den frühen 1990er-Jahren wurden weitere Substanzen auf Internetseiten wie *Erowid* identifiziert, und einige ihrer Wirkungen wurden von Untergrund-*Psychonauten* (um Jonathan Otts Terminologie zu gebrauchen) mehr oder weniger zuverlässig beschrieben. Die folgende Erörterung von ausgewählten psychoaktiven Tryptaminen beschreibt Substanzen, bei denen ich über eigene Kenntnisse und Beobachtungen verfüge. Ich habe vor allem diejenigen mit einer relativ kurzen psychoaktiven Wirkdauer gewählt, da sie für die offizielle medizinisch-psychiatrische Forschung wahrscheinlich eher anwendbar und von Nutzen sein können. Keines dieser synthetischen psychoaktiven Tryptamine hat die allgemeine Beliebtheit der Psilocybin-Pilze im Untergrund verdrängt. Aber sie könnten für medizinisch-psychiatrische Forscher und Gesundheitsbehörden interessant sein, die tendenziell präzise Dosisangaben bevorzugen, welche mit synthetischen Stoffen möglich sind.

DPT – Dipropyltryptamin

Diese Substanz wurde in den frühen Sechzigerjahren in einem Forschungsprogramm zur psychedelischen Behandlung von terminalen Krebspatienten am Spring Grove Hospital in Baltimore, MD, unter der Leitung von William Richards in Zusammenarbeit mit Walter Pahnke und Stanislav Grof eingesetzt. DPT wird von einer religiösen Gruppe mit Sitz in New York, die als *Temple of the True Inner Light* („Tempel des Wahren Inneren Lichts") bekannt ist, als Sakrament betrachtet. Das Sakrament wird in dieser Gruppe auch „der Engel des Herrn" genannt und wird in ihren Zeremonien entweder geraucht oder getrunken. Bemerkenswerterweise wurden sie nie von Regierungsbehörden belästigt.

Shulgin gibt *100–250 mg als Dosisbereich für die orale Gabe von DPT an*, mit einer Dauer von 2–4 Stunden. Bei Dosierungen über 200 mg treten unangenehme Empfindungen auf, die als „anstrengend" beschrieben werden. Die psychedelischen Wirkungen von DPT wurden als DMT- und LSD-ähnlich beschrieben; es könnte allerdings aufgrund des zeitlichen Verlaufs viel nutzbringender in Therapie-Anwendungen eingesetzt werden als diese besser bekannten Substanzen. In einem Artikel, der 1998 auf der *Erowid*-Webseite erschien, bestätigt ein Untergrundforscher namens *Toad* die Ähnlichkeit von DPT mit DMT und 5-MeO-DMT, betont indessen ausdrücklich eine enorme Variabilität bei den körperlichen und subjektiven Wirkungen und erwähnt Kundalini-ähnliche Körpervibrationen bei exzessiven Dosierungen. Er schlägt 20–100 mg als Bandbreite für das Rauchen der freien Base vor – mit einer Wirkungsdauer von etwa 20 Minuten – und *25–50 mg für das Schnupfen* des HCl-Salzes, mit Effekten, die etwa 2 Stunden andauern.

DET – Diethyltryptamin

Shulgin und Trachsel geben beide *50–100 mg* an für die Dosierungsbandbreite bei oraler Gabe, mit einer Dauer von 2–4 Stunden. Beide Quellen erwähnen außerdem Versuche mit DET, entweder injiziert oder geraucht. Shulgin berichtet von einer Studie, die in den Fünfzigerjahren durchgeführt wurde, bei der die Droge in einem klinischen Kontext gegeben wurde und bei der die Probanden, von denen einige neurotisch und/oder psychotisch waren, unter der Drogenwirkung eine Reihe psychologischer Tests machen mussten; die Ergebnisse waren, wie vorherzusehen war, dysphorisch. Shulgin berichtet auch von einer anderen Studie, in der es Freunden und Bekannten der Forscher in einem entspannten, unterstützenden Kontext verabreicht wurde; die Ergebnisse waren größtenteils euphorisch, was auf diese Weise einmal mehr die Bedeutung der Hypothese von Absicht (*Set*) und Rahmen (*Setting*) bestätigte. Trachsel erwähnt „kontemplative und teilweise euphorische" Wirkungen ebenso wie Synästhesien beim Hören von Musik unter DET. Wegen seiner relativ kurzen Wirkungsdauer und den geringfügigen unangenehmen Körpergefühlen (*Bodyload*) spricht einiges dafür, es als mögliche Unterstützung bei der Psychotherapie zu empfehlen, besonders in niedrigeren Dosierungen.

4-HO-DET – 4-Hydroxy-Diethyltryptamin

Shulgin und Trachsel geben beide *10-25 mg als Bandbreite für die orale Verabreichung dieser psychoaktiven Substanz* an – ein Vorteil gegenüber der Stärke von DET. Aber die geschätzte Wirkdauer von 4-6 Stunden ist definitiv ein Nachteil, verglichen mit DET. Der deutsche Psychiater Hanscarl Leuner führte in den späten Fünfziger- und frühen Sechzigerjahren sowohl in experimentellen als auch in psychotherapeutischen Zusammenhängen Studien mit dieser Substanz durch (die er CZ-74 nannte). Eine der tiefgreifendsten mystischen Erfahrungen, die in Shulgins TIHKAL beschrieben wird, das „Sich-Auflösen im Urgrund des Seins, in Brahman, in Gott, in der ultimativen Realität", trat unter oraler Gabe von 15 mg auf, also mit einer relativ geringen Dosis. Bei 20 mg und höher wurden die geschilderten Erfahrungen meistens als dysphorisch beschrieben, mit einem heftigen *Bodyload*. Diese Ergebnisse legen nahe, dass sogar niedrigere Dosierungen – weniger als 10 mg – gute Ergebnisse als Zusatz zur Psychotherapie bringen könnten.

4-HO-DIPT – 4-Hydroxy-Diisopropyltryptamin

Sowohl Shulgin als auch Trachsel geben *als Bandbreite bei oraler Einnahme 15–20 mg* an und eine Wirkungsdauer von 2-3 Stunden. Die *Erowid*-Webseite nennt 5–20 mg als den Bereich zwischen „Schwellenwert" und „üblicher Dosis". Das bedeutet, sowohl Stärke als auch Dauer der Wirkung machen es zu einer geeigneten Unterstützung für die Psychotherapie. Shulgin berichtet, dass eine 20-mg-Dosis eine „magische 4-plus-Erfahrung" ermöglichte, und fügte hinzu, falls es jemals eine Akzeptanz für Drogen wie diese geben sollte, sei „in einem psychotherapeutischen Kontext eine kurze Wirkdauer von äußerst hohem Wert (...), sowohl für den Patienten als auch den Therapeuten". Das Ende der Wirkung wurde übereinstimmend als beinahe „abrupt" beschrieben – nicht als allmähliches Abklingen. Vereinzelt wurde auch von mehreren Probanden über Zittern der Beine und des Körpers bei Wirkungseintritt berichtet.

4-Acetoxy-DIPT

Diese Substanz, die mit der oben erwähnten chemisch nah verwandt ist, so wie Psilocybin mit Psilocin, ist nicht explizit in Shulgins *TIHKAL* aufgelistet, aber auf der *Erowid*-Webseite gibt es eine Zusammenstellung von Berichten von K. Trout, der die Erfahrungen von etwa 45 Personen mit dieser oral eingenommenen Substanz zusammenfasst. Als *Standard-Dosierung sind 15–30 mg angegeben*, mit körperlich unangenehmen und emotional dysphorischen Wirkungen bei 40 mg. Trouts zusammenfassende Beschreibung besagt, dass die Erfahrung mit dieser

Substanz „sanft und wohlwollend beschaffen ist (...) auf eine nicht-bedrohliche Art und Weise zu wirken scheint (...) und köstliche, sinnliche Körpergefühle produziert". Die optischen Wirkungen und Veränderungen sind nicht besonders dramatisch, aber das Erleben sexueller Intimität kann enorm gesteigert werden. Probanden berichten von stark empathogenen Eigenschaften und weisen darauf hin, dass es „wahrhaftige Kommunikation fördert und ein potentielles Agens für intensive Selbstanalyse in der Psychotherapie" sein könnte.

5-MeO-DIPT

Sowohl Shulgin als auch Trachsel geben als *effektiven oralen Dosierungsbereich* *5–12 mg* an; die hohe Potenz erfordert also ein sorgfältiges Abmessen der Dosis. Die Wirkdauer beträgt 4–8 Stunden. Beide Autoren zitieren Berichte von gesteigerten taktilen Empfindungen und folglich von aphrodisierenden Wirkungen (natürlich abhängig von *Set* und *Setting*), weshalb im Internet auch der Übername „Foxymethoxy" aufkam. Als negativen Aspekt erwähnen manche Internetquellen die Möglichkeit von Übelkeit und Erbrechen. Beide, sowohl Shulgin als auch Trachsel, erwähnen außerdem, dass einige Probanden eine „Verzerrung" von Geräuschen und Musik erlebten. Die *Erowid*-Website erwähnt die Insufflation dieser Substanz als Hydrochlorid-Salz. Bei *Dosierungen von 5–7 mg hat diese Einnahmemethode den Vorteil, dass sie einen Trip erzeugt, der 1–3 Stunden dauert*; höhere Dosierungen verlängern die Wirkung. Auf diese Weise könnte es potenziell begleitend in der Psychotherapie eingesetzt werden und als Unterstützung bei der Meditation und Divination. Diese Substanz ist angeblich auch geraucht worden, nachdem sie in die freie Base umgewandelt worden war: in dieser Form ist die Dauer der Erfahrung sogar noch kürzer, so wie bei den anderen psychoaktiven Tryptaminen.

5-MeO-MIPT – 5-Methoxy-N-Methyl-N-Isopropyltryptamin

Shulgin gibt *4–6 mg dieser Substanz als orale Dosis* und eine Wirkungsdauer von 4–6 Stunden an; allerdings benutzte nur einer seiner Probanden diese Einnahmemethode – alle anderen rauchten es in einer Dosierung zwischen 12–20 mg und berichteten, dass die Wirkung am ehesten der von 5-MeO-DMT ähnelte, mit Episoden von Dissoziation und Gefühlen der Überwältigung bei den höheren Dosierungen. Diese Dosierungen scheinen hoch, verglichen mit denen, die auf der

Erowid-Website genannt werden, welche bei oraler Einnahme Dosierungen von
2–6 mg angibt.

Untergrundquellen berichten vom *5-MeO-MIPT-Gebrauch via Insufflation
im Bereich von 3–5 mg* mit einer Dauer von 1–2 Stunden. Die Wirkungen von
5-MeO-MIPT, wenn es geschnupft wird, sind im Wesentlichen mit 5-MeO-DMT,
5-MeO-DIPT und 4-Acetoxy-DIPT vergleichbar, als Unterstützung bei der Meditation und in der spirituellen Praxis; wobei 5-MeO-MIPT das potenteste ist, das
heißt, es hat den niedrigsten Schwellenwert für eine effektive Dosierung.

Eine Auswahl psychoaktiver Phenethylamine

MDMA – 3,4-Methylendioxy-N-Methamphetamin

Diese Droge, eine Kreation des Chemikers Alexander „Sasha" Shulgin, wurde
erstmals in den frühen Achtzigerjahren unter dem Decknamen *Adam* in Unter-
grund-Therapiekreisen bekannt, wo es als bemerkenswerter, nicht halluzinogener
Vermittler empathischer Selbsterkenntnis und interpersoneller Kommunikation
erkannt wurde. Ich war einer unter ungefähr einem Dutzend Therapeuten, die
von Leo Zeff in den MDMA-Gebrauch eingeführt und ausgebildet wurden. Die
Geschichte von Leo Zeff wurde später erzählt in Myron Stolaroffs *The Secret Chief.*
Ich stellte eine Anthologie von Erfahrungsberichten mit MDMA zusammen,
einige davon aus meinen eigenen Akten und manche von anderen Therapeuten,
einige aus Gruppen, andere von Einzelpersonen, und veröffentlichte sie im Eigen-
verlag mit finanzieller Unterstützung einiger Freunde unter dem Titel *Through the
Gateway of the Heart,* unter dem Pseudonym Sophia Adamson.

Das Buch erschien 1985, exakt in dem Jahr, als MDMA, das inzwischen allgemein als „Ecstasy" bekannt geworden war, zusammen mit Heroin, Kokain,
Marihuana und LSD auf die *FDA Schedule 1* der kontrollierten Substanzen gesetzt
wurde. Damit wurden alle Therapeuten, die damit gearbeitet hatten, gezwungen
entweder aufzuhören oder in den Untergrund zu gehen. Das Verbot förderte die
Verbreitung eines globalen Netzwerks inzwischen kriminalisierter Partydrogen-
produzenten, die auch mit den Veranstaltern der Massen-Tanz-Events mit
Lightshow, auch als „Raves" bekannt, zusammenarbeiteten. Die Droge wurde in

der Untergrundkultur auch lediglich *E* oder *X* genannt, und ihre neueste Version ist *Molly*, unter welchem Namen sie offenbar derzeit bekannt ist und verkauft wird. Meine Anthologie von Erfahrungsberichten *Through the Gateway of the Heart* war nach 20 Jahren vergriffen und ist 2012 in einer Neuauflage erschienen – mit aktualisierten *Leitlinien für den sakramentalen Gebrauch empathogener Substanzen*.

In deutschsprachigen Ländern werden die nicht-halluzinogenen Phenethylamine „Entaktogene" genannt, was so etwas wie „innen berührend" bedeutet. Im Rahmen einer kleinen Meinungsverschiedenheit unter Wissenschaftskollegen plädierte ich für den Begriff „Empathogen", das bedeutet „Empathie-erzeugend", und dieser Begriff fand auch einige Anhänger unter den Forschern. Meiner Ansicht nach besteht die bedeutendste psychopharmakologische Wirkung von MDMA in der Abwesenheit von Angst und im mühelosen Übergang in eine empathische Haltung gegenüber anderen Menschen. Damit unterscheidet es sich von allen anderen Halluzinogenen, was für seine Funktionsweise bei der Behandlung der posttraumatischen Belastungsstörung und anderen Formen der Angst entscheidend ist. Ich beschreibe auch die Anwendungen von MDMA als Ergänzung zur Psychotherapie in einem demnächst erscheinenden Essay mit dem Titel *MDMA, Empathy and Ecstasy*, zu Ehren Alexander Shulgins, seines „Wiederentdeckers".

Dale Pendell führt MDMA in *Pharmako/Dynamis* in einer eigenen Gruppe auf, den *Empathogenica* – mit dem Untertitel „Säugetier-Verzückungen". Neben MDMA enthält diese Gruppe von Substanzen nur Muskatnuss (*Myristica fragrans*) und GHB (*Gamma-Hydroxybutyrat*).

> Die große Öffnerin des Herzchakras. Herzsprache, Herzworte, gesprochen und gelauscht und gehört und gefühlt. Freisetzung von Mitgefühl. Berührung. Ein Säugetierding, in einem Haufen zusammenliegend wie Seelöwen auf einem Felsen.

> Wir hatten Sex beim ersten Date, X beim zweiten. Dann haben wir geheiratet. Vielleicht sind mehr Ehen durch MDMA zerbrochen als gerettet worden. Mit Adam ist es okay zu sagen: Ich bin nicht glücklich. Wenn Du nicht im Paradies bist, wird das E es Dir zeigen. Wenn Du im Paradies bist, weißt du es bereits. Eine Medizin für Entfremdung. Was erklären könnte, weshalb sie so beliebt ist.

op.cit. S. 216–220

Die Shulgins geben für MDMA Dosierungen zwischen 80 und 150 mg an und für die Dauer der Erfahrung 4-6 Stunden; Trachsels Werte sind die gleichen. Aus meiner eigenen Erfahrung als Therapeut in den frühen Achtzigerjahren würde ich schätzen, dass die *ED-50 etwas niedriger anzusetzen wäre, ungefähr bei 60–70 mg –* ähnlich niedrige Dosierungen, wie sie bei Personen eingesetzt werden, die dabei Massage oder energetische Körperarbeit erhalten. Ich stimme damit überein, dass *die DD-50 etwa bei 150 mg* liegt. Dabei ist zu beachten, dass mittlere Dosierungen von wiederholten, unwillkürlichen Kieferbewegungen und Zähneknirschen begleitet sein können. Im höheren Bereich der Dosierungsskala verstärken sich diese Automatismen. Wie bei anderen Drogen der Amphetamin-Gruppe gibt es einen deutlichen und sogar abrupten Rückgang der physischen und emotionalen Reaktionen nach 3–4 Stunden – und viele Leute in der *Rave*-Subkultur versuchen dem durch Nachdosieren entgegenzuwirken, manchmal drei- oder viermal pro Nacht. Es versteht sich von selbst, dass ein solch übermäßiger Gebrauch schnell zu einem Zusammenbruch und einem Gefühl des Ausgelaugt-Seins führen kann, was wahrscheinlich am Abbau des Serotoninspiegels im Gehirn liegt. Offenbar besteht bei MDMA wie auch bei anderen Phenethylaminen eine nachgewiesene Anfälligkeit für einen suchtartigen Gebrauch im Übermaß.

Mit Phenethylaminen wie MDMA, 2-CB und anderen führen höhere Dosierungen als die hier angegebene DD-50 an und für sich nicht zur Dissoziation, weil das Individuum sich seiner Umgebung weiterhin durchaus bewusst sein kann. Was tatsächlich vorkommt, ist ein unangenehmes Körpergefühl (*Bodyload*) mit Überstimulation, erhöhtem Puls, Schwitzen, Dysphorie, Angst und dem Gefühl, dass man „möchte, dass es vorbei ist". Normalerweise findet man hier keine der komplexen, zu gefährlichen Handlungen führenden paranoiden Szenarien, die bei dissoziativen Dosierungen von Tryptaminen und LSD vorkommen können. Die Person wünscht sich nur, dass die Erfahrung aufhört und die quälenden Körperempfindungen endlich verschwinden. Dabei können verschiedene Schlafmittel, auch Melatonin, unterstützend wirken.

2C-B – 2,5-Dimethoxy-4-Bromphenethylamin

Obwohl 2C-B zur gleichen chemischen Gruppe wie MDMA gehört, unterscheidet es sich von erstem darin, dass es bei höheren Dosierungen die visuelle und sogar die kinästhetische Wahrnehmung verstärken kann. Die Shulgins geben ein Dosierungsspektrum von 12–24 mg an und eine Dauer von 4–8 Stunden. Trachsel gibt eine Dosierungsbandbreite von 5–25 mg und eine ähnliche Wirkungsdauer an, wobei man sagen sollte, dass die Wirkungsdauer immer dosisabhängig ist. Sowohl Shulgin als auch Trachsel erwähnen eine Verstärkung des visuellen und sensorischen Erlebens sowie kaleidoskopische, dreidimensionale, sogar holographische Bilder bei höheren Dosierungen. Steigerung des erotischen Empfindens und von Berührungsempfindungen sind dokumentiert, inklusive Orgasmus (selbstverständlich abhängig von Set und Setting). Eine nicht verifizierte Untergrundlegende berichtet, dass Sasha Shulgin frustriert war, dass seine bekannte Kreation MDMA anscheinend die orgasmische Reaktion hemmte, was ihn dazu inspirierte, das Molekül zu optimieren und 2C-B zu entwickeln, das dann zu seinem persönlichen Favoriten wurde. Aufgrund meiner eigenen Untersuchungen gehe ich mit Trachsel einig, dass *die ED-50 von 2C-B bei 5 mg liegt und die DD-50 bei 25 mg* – obwohl es, wie auch bei den anderen geschätzten Dosierungen, erhebliche individuelle Abweichungen in Intensität und Dauer der Wirkung geben kann.

Gemäß einem Artikel auf der *Erowid*-Website begannen unabhängige pharmazeutische Firmen in Europa, 2C-B unter dem Codenamen *Nexus* in Dosen von 5 mg als Mittel gegen Impotenz oder Frigidität herzustellen, nachdem Shulgin seinen enthusiastischen Bericht zu den möglichen aphrodisierenden Wirkungen des 2C-B veröffentlicht hatte. Natürlich hielt dies die Untergrundnutzer nicht davon ab, die Dosis mehrmals zu nehmen und grundlegende psychedelische Erfahrungen zu machen – mit oder ohne Verstärkung des sexuellen Erlebens.

Für länger andauernde, auf Genuss oder persönliches Wachstum ausgerichtete Erfahrungen nehmen manche Zirkel erst MDMA und dann, wenn der Höhepunkt nach 2–3 Stunden vorbei ist, eine Dosis 2C-B, um dadurch die gesamte Erfahrung auszudehnen. Die Shulgins sagen zur Wirkung von 2C-B: „Es ist, als ob man die mentalen und emotionalen Entdeckungen mobilisieren und damit etwas tun könnte." (*PIHKAL S. 505*).

Auf der *Erowid*-Website finden sich auch Befürworter der umgekehrten Reihenfolge, die sagen, dass MDMA bei Einnahme 2 Stunden nach einer Dosis 2C-B die ausgedehnte Stimulation des 2C-B „aufweichen" kann. Aus unbekannten

Gründen erreichte das von Shulgin favorisierte 2C-B – welches noch einige Zeit legal war, nachdem MDMA bereits in die Liste der verbotenen Substanzen aufgenommen worden war – die psychoaktive Drogen-Untergrundszene in Südafrika. Dort wurde die Droge offenbar von einigen der traditionellen Heiler, den *Sangomas*, als wertvoller Zusatz zu ihren indigenen Praktiken akzeptiert, insbesondere auch deshalb, weil sie in den Townships lebten und dadurch keinen Zugang mehr zu ihren traditionellen Pflanzenmedizinen hatten.

In der Xhosa-Sprache wurde dieses Arzneimittel *Ubalawu Nomathotholo* genannt, die „Medizin der singenden Ahnen". Nach und nach wurde auch 2-CB in allen Ländern auf die Liste der verbotenen Substanzen gesetzt.

MDA – 3,4-Methylendioxyamphetamin

Diese Substanz wurde in den späten Sechziger- und frühen Siebzigerjahren als „Liebesdroge" bekannt und bei Tanzpartys, sogenannten Raves, konsumiert. Der chilenische Psychiater Claudio Naranjo hatte in den frühen Sechzigerjahren mit dieser und anderen psychoaktiven Substanzen in seiner Praxis gearbeitet und nannte MDA in seinem Buch *Die Reise zum Ich* „die Droge der Analyse". Er gab an, dass sich „eine Regression so oft und spontan ereignet, dass man sie als eine typische Wirkung dieser Substanz betrachten kann". Wie auch immer, in Anbetracht der Tatsache, dass Naranjo diese Substanzen ausschließlich in einem psychoanalytischen Rahmen benutzte und MDA viel häufiger auf Tanzpartys verwendet wurde, ist es wohl wahrscheinlicher, dass die „Analyse" eine Wirkung des Kontexts (*Set und Setting*) war. Sowohl Shulgin als auch Trachsel geben *80–150 mg als Dosierungsbandbreite* und eine Dauer von 8–12 Stunden an. Nachdem MDMA in den Achtzigerjahren einmal entdeckt worden war, verlor MDA nach und nach seine Bedeutung als psychotherapeutischer Zusatz, da einerseits die stimulierende Komponente stärker ist als bei MDMA und auch die Wirkung länger andauert.

MBDB – 2-Methylamino-1-(3,4-methylendioxyphenyl)butan

Die allgemeine Wirkung dieser Substanz gleicht anscheinend der von MDMA insoweit, als es einen Zustand freundlichen Gleichmuts herbeiführt, jedoch mit weniger emotionaler Intensität. Die im Vergleich mit MDMA geringere

Gefühlsintensität macht es vermutlich als Partydroge weniger attraktiv, und offenbar ist es in der Untergrund-Partyszene nicht sehr weit verbreitet.

Gerade dieser Unterschied ist in Hinblick auf eine Verwendung in der Psychotherapie jedoch ein potenzieller Vorteil. Bei höheren Dosierungen von MDMA kann das durch die Substanz erzeugte positive Gefühlserleben jedes Interesse an psychologischer Problemlösung überlagern. Genau das passierte mir in den Anfangszeiten bei meiner Arbeit mit MDMA (damals bekannt unter dem Namen *Adam*), als es gerade erst als Therapie-Ergänzung verfügbar geworden war. Eine Klientin von mir war buchstäblich nicht mehr dazu in der Lage, sich auf irgendwelche negativen Gefühle gegenüber ihrem Ehemann einzustimmen, als die Drogenwirkung begann – obwohl sie sich zuvor dafür entschieden hatte, an diesem Thema zu arbeiten.

Shulgin und Trachsel geben beide 180–210 mg als Dosierungsbandbreite von MBDB und 4–6 Stunden Wirkdauer an. Die längere Wirkdauer im Vergleich zu MDMA würde jegliche Vorteile als Ergänzung zur Psychotherapie, in der kürzere Zeiträume vorteilhaft sind, zunichte machen. Aber weder Shulgin noch Trachsel berichteten von Tests mit niedrigeren Dosierungen und ohne Booster.

Vorläufige Tests, die ich mit einer Gruppe von 7 erfahrenen Probanden durchführte, haben gezeigt, dass die Wirkung von MBDB *bei Dosierungen zwischen 100 und 150 mg* ohne Booster etwa *2 bis 2,5 Stunden anhält*. Mit solch niedrigeren Dosierungen könnte es eine nutzbare Ergänzung zur Psychotherapie darstellen, empathogen in der Wirkung, aber nicht zu stimulierend.

Ketamin

Ketamin gehört zu einer ganz anderen chemischen Gruppe als die klassischen Phenethylamine oder Tryptamine; es wird als „dissoziatives Anästhetikum" eingestuft, das in höheren Dosen eine vollständige Betäubung und bei niedrigeren Dosierungen meist abstrakte visuelle Effekte hervorruft. Pharmakologisch wirkt es im Gehirn offenbar als Antagonist des Glutamat-Rezeptors vom NMDA-Typ. In dieser Hinsicht gleicht es dem Distickstoffoxid, einem Anästhetikum, das im späten 19. Jahrhundert als „Lachgas" zur berühmt-berüchtigten Modedroge wurde. Ketamin hat sich bis zu einem gewissen Grad auch in der Party-Subkultur verbreitet. Da es in höheren Dosierungen heftige Dissoziationen hervorruft, ist sein Gebrauch in dieser Szene mit erheblichen Gefahren verbunden. Ich bin in Europa auf Partys gewesen, bei denen Ketamin gespritzt wurde. Manche Leute stolperten herum, waren mehr oder weniger völlig verpeilt und fügten sich selbst und anderen Schaden zu.

Ketamin ist in den USA für die Behandlung von chronischen Schmerzen auf Rezept erhältlich, obwohl sein Wert bei der Schmerzbehandlung im Vergleich zu synthetischen Opiaten begrenzt ist, da es kürzer wirkt (normalerweise ein bis zwei Stunden bei einer mittleren Dosis). Trachsel gibt zwischen 30–120 mg als Dosierungsbandbreite für eine intramuskuläre Injektion an; für nasale Insufflation 50–150 mg und für eine orale Dosis 200–450 mg. Neuerdings sind – zumindest in den USA – Lutschtabletten zu 50 mg zur Selbstbehandlung von chronischen Schmerzen auf Rezept erhältlich. Mit einer solchen Dosis ist man immer noch in der Lage, normal zu funktionieren, und die Intensität der Schmerzen wird etwas gemildert. Ich selbst fand diesen Dosisbereich von 50–60 mg sehr wertvoll, als ich an einem *Herpes Zoster* des Gesichtsnervs litt, bei dem das niedrig dosierte Ketamin den sonst konstanten, quälenden Schmerz deutlich besserte, ohne dass es mich in einen opiatähnlich benebelten Zustand versetzte.

Aus der Sicht der Bewusstseinsforschung sind Dosierungen unterhalb der Schwelle zur Anästhesie am nützlichsten, denn sie liefern die meisten Informationen für das Selbststudium von bewusstseinstransformierenden Zuständen. Die Wahrnehmung des eigenen Körpers und der Umgebung schwankt offenbar sowohl leicht oberhalb als auch unterhalb einer gewissen Bewusstseinsschwelle. Einmal nahm ich als Versuchsperson an einem Experiment teil, in dem ein Anästhesist uns eine Ketamin-Tropfinfusion verabreichte und sein Kollege uns alle fünf Minuten fragte: „Wo bist du jetzt?" Er beobachtete uns und kam zum Schluss, dass wir in einen schlafähnlichen Zustand dahindämmerten, aus dem wir durch seine Frage geweckt wurden und uns bemühten, das Geschehen in Worte zu fassen, bevor wir wieder wegdrifteten. Dies mag der Grund dafür sein, dass die meisten Probanden die Erfahrung mit Ketamin als angenehm und traumartig beschreiben, jedoch ratlos sind, wenn man sie drängt, Einzelheiten dessen zu beschreiben, was sie gesehen oder gedacht haben.

Ich habe außerdem an Gruppenexperimenten teilgenommen, bei denen wir beschlossen, den Ketamin-Zustand in niedriger Dosierung zu erkunden, in der Absicht, vollständig wach und bewusst zu bleiben. Es wurde stark rhythmische Musik gespielt, die ursprünglich entwickelt und aufgenommen worden war, um lernbehinderten Kindern zu helfen, auf eine Aufgabe fokussiert zu bleiben. Zusätzlich gaben wir während des Ketamin-Zustands Konzentrationsanweisungen und erinnerten die Teilnehmer ungefähr alle fünf Minuten daran, die Aufmerksamkeit erneut auf ihre Wahrnehmung und die Reaktionen ihres Körpers auszurichten sowie alle Bilder oder Gedankenformen zu beobachten, die durch ihr Bewusstsein trieben. Etwa eine Stunde später, nachdem die Wirkung des Ketamins abgeflaut war, rauchten alle eine kleine Menge Cannabis – ein oder zwei Züge. Auf diese Weise konnten die Teilnehmer drei Bewusstseinszustände vergleichen: den normalen Wachzustand, den Ketamin-Zustand und den Cannabis-Zustand. Die Ergebnisse waren so, wie man es erwarten konnte: Während der Ketamin-Reise lagen die Teilnehmer vollständig unbeweglich und berichteten anschließend, dass sie in überwiegend abstrakte geometrische, pastellfarbene Formen eingetaucht waren, sehr wenig menschliche Formen oder Gesichter wahrgenommen hatten und sich in einer friedlichen Stimmung befanden, ohne Angst oder Aufregung. Wenn man sie bat, in dieser Phase ihr Gesicht oder ihre Hände zu berühren, berichteten sie, dass sich die Haut anfühlte, als wäre sie aus einer Art Stoff oder Papier – die Anästhesie wird demnach also zuerst im Bereich des Tastsinnes wahrgenommen. Während der Cannabis-Phase des Experiments war die dramatischste Veränderung die Rückkehr des taktilen Empfindens, beinahe bis zur erotischen Hypersensitivität.

Unsere Gruppe führte dann ein weiteres Experiment durch, um zu sehen, ob der vom Ketamin induzierte emotional ruhige Zustand therapeutisch genutzt werden könnte. Die Teilnehmer wurden vor der Sitzung gebeten, eine angstbesetzte Episode oder Phase aus ihrer Vergangenheit auszuwählen. Nachdem die Teilnehmer das Ketamin (eine orale Gabe von 50 mg) eingenommen hatten, wurden sie im induzierten Zustand der emotionalen Ruhe aufgefordert, sich diese Situation wieder zu vergegenwärtigen, wenn der emotionale Tumult um diese Erinnerung herum zu einem großen Teil abgeschwächt oder eliminiert war. Dies erschien als nützliches Vorgehen, um mit Traumata aus der Vergangenheit zu arbeiten. Doch es wurde auch deutlich, dass es wichtig war, eine klare Absicht zu haben und die schmerzhafte Erinnerung im Voraus auszuwählen – weil der neutralisierende,

angenehme Ketamin-Zustand leicht dazu führen konnte, die Aufgabe zu vergessen. Die durch Ketamin induzierten Erkundungen schienen keine neue Einsichten oder Erkenntnisse zu fördern. Sie glichen eher der Heilung alter Wunden und
Traumata, ob physisch oder emotional, und waren begleitet von einer ruhigen,
distanzierten, aber dennoch wohlwollenden Haltung.

Es wurde vorgeschlagen, dass der durch Ketamin induzierte Zustand analog
sei zur Nahtoderfahrung (NTE), von der manchmal Menschen berichten, die eine
direkte Begegnung mit dem physischen Tod überlebt haben. Es gibt umfangreiche
Literatur dazu, die auf Interviews mit Personen basiert, die direkte Begegnungen
mit dem körperlichen Tod überlebt haben und zurückkehrten, um die Geschichte
zu erzählen. In meinem Buch *Der Lebenszyklus der Menschenseele* diskutiere ich
den vorgeschlagenen Vergleich von NTE mit psychedelischen Erfahrungen.

Obgleich bei beiden Erfahrungen ein vollständiges Abgetrennt-Sein von der
sinnlichen Wahrnehmung des eigenen Körpers üblich ist (besonders mit Ketamin), zog ich den Schluss, dass psychedelische Erfahrungen „selten, wenn überhaupt, mit Eigenschaften klassischer Nahtoderfahrungen zu tun haben wie das
Herunterschauen auf den eigenen toten Körper von oben (außerkörperliche Erfahrung, AKE) oder das Treffen mit verstorbenen Angehörigen oder engelartigen
Begleitern" (Zitat S. 73). Das wesentliche Unterscheidungsmerkmal zwischen NTE
und einer drogeninduzierten Ego-Tod-Erfahrung ist offenbar die Wahrnehmung,
dass auf der physischen Ebene der Herzschlag tatsächlich aussetzt.

Dale Pendell diskutiert Ketamin in *Pharmakognosis* im Abschnitt *Daimonica*,
einer Klassifikation, die ebenfalls die Tropanalkaloide, CO_2, *Amanita muscaria* und
Iboga umfasst. Das Kapitel über Ketamin heißt *Die Kunst der Nekromantie*. Nekromantie ist die Kunst und Praxis der Kommunikation mit den Geistern der Toten –
und ich muss dazu sagen, dass bei keiner meiner eigenen Erfahrungen mit Ketamin
oder bei denjenigen, deren Zeuge ich war, jemals irgendjemand berichtet hat, dass er
oder sie mit Toten kommuniziert oder sich selbst für tot gehalten hätte.

> Eine goldgelbe Honigwabe, aus Hexagonen, schwebend, die sich hunderte und tau-
> sende von Metern nach unten und nach oben erstreckt. Es begann schnell genug.
> Leicht und fließend, aber dann begannen die Dinge zu rutschen und gewannen an

Fahrt. Die Beschleunigung war beeindruckend und hielt an. Und dann ging es zu schnell, um dranzubleiben, aber es hörte nicht auf. Und dann sah ich die Welt hinter dieser Welt.

Ich nenne sie die Gelbe Welt, weil das die vorherrschende Farbe dieser Welt war. Es gab dort abstrakte Äquivalente von Rädern und Zahnrädern und Steuerhebeln. Es war so etwas wie die Maschinerie des Universums, und obwohl sie äußerst kompliziert war, war sie nicht statisch oder empfindlich, und große Tropfen, die einer Flüssigkeit ähnelten, explodierten aus dem Nichts heraus. Die innere Struktur von Räumen des Selbst. Es ist abstrakt und vielfarbig, aber es gehört einem selbst.

Pendell, D., Zitat S. 273–280

Als ich vor vielen Jahren mit Ketamin zu experimentieren begann, ging ich von der Annahme aus, dass man unter dem Einfluss dieser Substanz keine „Geister" sehen oder spüren würde, da es sich um eine im Labor hergestellte Droge handelte und nicht um eine Pflanze oder Pilzzubereitung schamanischer Herkunft. Diese Annahme stellte sich als falsch heraus. Ich hatte eine Ketamin-Erfahrung, in der wir ungefähr 100 Milligramm injizierten, während wir engelsgleicher Harfenmusik lauschten. Plötzlich „sah" ich einen Flug von rosafarbenen fliegenden Geistern, die zur Erde herab und in die Erde hinein schwebten, durch die Felsen und den Erdboden hindurch und dann zurück nach oben und hinaus – während sie die ganze Zeit ekstatisch sangen, so etwas wie „Wir lieben die Erde, wir lieben die Erde". Natürlich war ich beeindruckt. Einmal mehr realisierte ich, dass man die Visionen, die man sieht, nicht wirklich eine Funktion oder ein Produkt der Droge nennen kann. Stattdessen sollten wir sagen, dass die Wahrnehmung subtilerer Dimensionen der Realität manchmal durch diese und andere Substanzen ausgelöst werden kann, immer unterstützt durch die Faktoren von Absicht und Kontext – in diesem Fall das Hören der engelsgleichen Harfenmusik.

Salvia divinorum („Wahrsagesalbei")

Diese Pflanze aus der Familie der Lippenblütler, die von den indigenen Mazateken Mexikos zur Divination benutzt wird, wird auch *Ska Maria Pastora*, *Yerba de María* oder *Hojas de la Pastora* genannt. Verweise auf eine „Schafhirtin" sind eher befremdlich, da die Mazateken keine Schafe halten. Das Interesse westlicher Wissenschaftler für die halluzinogenen Eigenschaften dieser Pflanze, ihre mythische Abstammung von den vorchristlichen Kulturen Mexikos und ihre zeitgenössische Verwendung zur Divination erwachte in den frühen Sechzigerjahren dank R. Gordon Wasson und Albert Hofmann, die bereits vorher dazu beigetragen hatten, die visionären Psilocybe-Pilze in der modernen Welt bekannt zu machen. Ihre Heiler-Informantin, die legendäre Maria Sabina, sagte Wasson und Hofmann, dass sie *Salvia divinorum* für ihre Divinationen nutzte, wenn die visionären Pilze aufgrund der Wetterlage nicht verfügbar waren.

Obwohl Hofmann und Wasson in den Sechzigerjahren über *Salvia divinorum* und ihre Verwendung berichteten, erlangte sie erst in den Neunzigerjahren größeren Bekanntheitsgrad in den Untergrundkreisen, als die Leute damit begannen, die Blätter zuzubereiten und die angereicherten Blätter zu rauchen. Die Pflanzenchemie von *Salvia divinorum* ist einzigartig: Der psychoaktive Grundbestandteil ist als *Salvinorin A* identifiziert worden, ein Diterpen, anders als alle anderen psychedelischen Substanzen, die chemisch Alkaloide sind. *Salvinorin A* ist als gereinigtes Extrakt extrem potent, das heißt, es ist im Menschen in Dosen von 250 Mikrogramm psychoaktiv und wird in seiner Potenz nur von LSD übertroffen. Wegen der extrem hohen Potenz besteht die reale Gefahr einer toxischen Psychose durch unvorsichtige Einnahme der gereinigten Substanz. Daniel Siebert fasste die bekannte Pharmakologie zusammen, indem er feststellt, dass *Salvinorin A* ein selektiver Kappa-Opioid-Rezeptor-Agonist ist: Durch Selbstexperimente konnte er bestätigen, dass die Wirkungen von *Salvinorin A* durch vorherige Gabe des Opioid-Rezeptor-Agonisten Naloxon blockiert wurden. Es gibt verschiedene Arten von Opioid-Rezeptor-Agonisten – und diejenigen, die durch *Salvia divinorum* aktiviert werden, unterscheiden sich deutlich von denen, die durch Opiate wie Morphin aktiviert werden. Daher hat Salvia keine schmerzreduzierende Wirkung, sondern es erweitert die Sensitivität und erzeugt keine Abhängigkeit.

Bei den Mazateken bestand die traditionelle Art der Einnahme des Wahrsagesalbeis darin, die frischen grünen Blätter zu einem dicken, zigarrenähnlichen Pfropf zu drehen und im Mund zwischen Wange und Zahnfleisch zu verstauen, wo er langsam über einen Zeitraum von 10-20 Minuten über die Mundschleimhaut absorbiert wurde. Die meisten Westler fanden diese Prozedur zu mühsam. Wegen der Kombination aus dem extrem bitteren Geschmack und der begrenzten Verfügbarkeit der frischen Blätter wird diese Einnahmemethode gegenwärtig nur selten praktiziert. Allerdings gibt Dale Pendell in seiner enzyklopädischen Abhandlung über geistbewegende Pflanzen und Pilze detaillierte Informationen über diese traditionelle Methode der Einnahme und ihre Vorteile, ebenso wie Daniel Siebert, der vermutlich der führende Verfechter der Werte und Vorzüge dieser speziellen Pflanze ist. Die traditionelle Methode oder eine ähnliche sind wahrscheinlich am sichersten, wegen der schwierigen und unvorhersehbaren individuellen Reaktionen beim Rauchen angereicherter Zubereitungen von Salvia-Blättern oder des noch stärkeren gereinigten *Salvinorin-A*.

Zeitgenössische Forschende können die getrockneten Blätter der Pflanze rauchen, was ein mildes, vorübergehendes „High" hervorruft, das im Allgemeinen nicht so farbig ist wie bei gerauchtem Cannabis – obwohl es bei einer Rauchmischung aus Cannabis und anderen Pflanzen wie Damiana-Blättern sowie natürlichem Tabak eine besondere Ergänzung darstellt.

Häufiger wird aus den Salbeiblättern ein Alkoholextrakt hergestellt, der einem Stapel dieser Blätter zugesetzt wird, und diese *verbesserten* oder *angereicherten* Blätter werden dann geraucht. Die Potenz des Extraktes wird sich wegen der natürlichen Schwankungen in der Potenz der reinen Blätter erheblich unterscheiden. Wenn einer Menge aus 1 Gramm Blättern ein Extrakt aus 5 Gramm der getrockneten Blätter zugesetzt wird, bezeichnet man dies als 5x. Es gibt mehrere Webseiten, die diese verbesserten Blätter zum Verkauf anbieten – in der Stärke von 5x bis 20x, 40x und sogar 100x. Die Erfahrung nach ein oder zwei Inhalationen der gerauchten Mischung (die zur besseren Aufnahme in den Lungen gehalten werden muss) hält im Allgemeinen 5–10 Minuten an, kann aber durch wiederholte Inhalationen ausgedehnt werden. In dieser Form kann die gerauchte Salvia ein mildes Nachglühen erzeugen, das über einige Stunden anhält. Es gibt mehrere Webseiten mit Anweisungen zur Zucht der Pflanze und auch Webseiten, die Anweisungen zur Herstellung des Extraktes geben. Wegen der unterschiedlichen Konzentrationen der Extrakte in diesen Zubereitungen ist es praktisch unmöglich, allgemeine Richtlinien zu Dosierungen anzugeben. Wer diese Pflanzenzubereitungen für entheogene Forschungen benutzen möchte, muss sich gut vorbereiten, indem er oder sie sich sorgfältig informiert – und vorzugsweise seine eigenen Salvia-Pflanzen selbst anpflanzt und herstellt.

Im 2013 erschienenen Buch von Ross Heaven – *Shamanic Quest for the Spirit of Salvia* – gibt es Berichte von etwa 50 Freunden und Kollegen über das Rauchen der verschiedenen verbesserten Blattzubereitungen. Wie auch einige andere Autoren, die über *Salvia divinorum* geschrieben haben, scheint Ross Heaven von der offenkundigen Einzigartigkeit der Salvia-Erfahrung im Vergleich mit anderen Entheogenen beeindruckt. In seinem Buch führt er die folgenden üblichen Themen aus Salvia-Erfahrungsberichten an: Prophezeiungen, das Infrage-Stellen des Selbst-Empfindens, die Faszination der symbolischen Bedeutung von Rändern und Kanten, das Wahrnehmen anderer Dimensionen und Universen, andere Zeitperioden, die nicht persönlichen Erinnerungen entstammen, Empfindungen verschiedener Arten von Bewegung und von verschiedenen Rädern, Telepathie und Mitgefühl mit anderen, Zen-ähnliche Paradoxien, Themen wie Liebe und Karma und wahrnehmender Fokus auf Membranen und zweidimensionale Oberflächen.

Alle diese Themen, *mit Ausnahme des gelegentlichen Fokus der Wahrnehmung auf Flachheit und Zweidimensionalität* wurden als allgemeine Wirkungen aller psychedelischen Drogen genannt, einschließlich LSD, Psilocybin, Ayahuasca, Pilzen, DMT und anderen. Die Beeinträchtigung des dreidimensionalen Sehens und die Reduktion auf „Flachland"-Wahrnehmung sind möglicherweise einzigartig für diese Substanz. Tatsächlich führen die klassischen Psychedelika üblicherweise zu einer erweiterten Tiefenwahrnehmung, wenn die Augen offen sind und die natürliche Umgebung betrachten.

Man könnte über die symbolische Bedeutung dieses abgeflachten Wahrnehmungsfeldes spekulieren, und den Informanten im Buch von Heaven gelingt es, eine gewisse persönliche Bedeutung aus ihren Salvia-Visionen, der Flachheit und all dem anderen zu ziehen – besonders dann, wenn sie zuvor einige persönliche Absichten formuliert haben. Wie dem auch sei, die anormale Wahrnehmung könnte einfach ein Hinweis darauf sein, dass die an der Tiefenwahrnehmung beteiligten Gehirnschaltkreise punktuell beeinträchtigt sind. Dies wäre ein lohnenswerter Bereich für psychopharmakologische Forschungen. Möglicherweise handelt es sich auch um einen dosisabhängigen Effekt, der nur nach der Einnahme von höher konzentrierten Dosierungen auftritt.

Meine eigenen Erfahrungen, die ich vor allem mit niedrigeren Dosierungen machte, enthielten keine dieser „Flachland"-Visionen, und ich habe bisher auch nichts darüber gehört, dass sich aus solchen Wahrnehmungen irgendeine nützliche divinatorische Erkenntnis oder Einsicht ergeben hätte. Ein anderer, möglicherweise verwirrender Faktor beim Verständnis dieser zweidimensionalen, abflachenden Wirkungen ist die Tatsache, dass die Salvia-Blätter traditionellerweise im Mund behalten werden und ihre Essenz über eine beträchtliche Zeitdauer absorbiert wird, während der Reisende sich in mehr oder weniger totaler Dunkelheit befindet. Die Rauchmethode mit mehrmaligem tiefem Inhalieren erfordert offenbar, dass die Augen geöffnet sind, wenn die Wirkungen einsetzen – und zweidimensionale Gehirnbilder können projiziert werden und sich mit äußeren Wahrnehmungen vermischen. Wenn die Augen während der Reise geschlossen bleiben, vermeidet man eine solche Verwirrung der Dimensionen.

Als Vergleich des Pflanzengeists von *Salvia divinorum* mit Cannabis habe ich sagen gehört, dass der Geist von Salvia wie ein scheues Mädchen sei, das im Hintergrund bleibt, bis sie dich kennt, so wie die Salvia-Pflanze am besten an schattigen Orten mit Schutz vor direkter Sonnenbestrahlung wächst. Dagegen ist der Geist von Cannabis wie ein lachendes Mädchen, das ein rotes Kleid trägt, so wie die Cannabispflanze direktes Sonnenlicht liebt. Menschen, die Cannabis rauchen, lachen viel, bei Salvia dagegen weniger.

Dale Pendell hat *Salvia divinorum* in seinem Buch *Pharmacopoeia* unter der Kategorie *Existentia* aufgenommen, einer einzigartigen Kategorie mit nur einem einzigen zugehörigen Element. Hier sind einige Dinge, die er über Salvia schreibt:

Einige sagen, es sei ein sensuelles und taktiles Ding. Manche sagen, es geht um Zeitlichkeit und Dimensionalität ... oder darum, eine Pflanze zu werden.

Die Wirkungen sind unterschiedlich, je nachdem, wie die Pflanze eingenommen wurde und ob du den Verbündeten auf dem Weg der Blätter triffst oder durch das Überqueren der Brücke des Rauches. Und es hängt auch davon ab, ob die Pflanze dich akzeptiert hat. Das ist metaphorisch, oder nicht?

Die *Hojas de la Pastora* zu besuchen bedeutet, ein Orakel aufzusuchen, und man sollte sich ihr mit der gleichen Ehrfurcht nähern. Es erleuchtet die Seelen der Menschen um uns herum: Wir hören/wissen, was sie wirklich denken, was sie wirklich wollen, was sie wirklich tun wollen. Es ist ideal für die Arbeit an einer Paarbeziehung, um in Kontakt zu bleiben.

Vokallaute verändern die Farbe; Tonhöhe und Töne verändern die Form der Umgebung; Semantik erschafft Textur. Sätze werden zu berührbaren Dingen, sie nehmen sichtbare und fühlbare Form an, fliegen oder sinken. Doch alles im Auge des Geistes, nicht im Auge selbst.

Es gibt dir genau das, was dem entspricht, wo du dich befindest. Wo auch immer du dich befindest, ist es das, was du bekommst. Wenn du in der Dunkelheit bist, fliegst du durch die Dunkelheit. Das Licht und die Gesichter, die du siehst, sind die Gesichter, die du immer trägst, die geistigen Gesichter, erleuchtet durch den Glanz des Geistes. Wenn du mit deinem Geliebten zusammen bist, ist diese Pflanze ein Aphrodisiakum.

Pendell, D. , S. 156–176

Daniel Siebert ist ein Schriftsteller-Forscher, der umfangreiche und sorgfältige Forschungen mit Salvia durchgeführt hat und diese auf seiner Website (www.sagewisdom.org) vor dem Erscheinen seines Buches zur Verfügung stellte. Diese Website ist eine Schatztruhe an Informationen sowie eine Quelle für Pflanzen- und Elixier-Zubereitungen. Er hat aufgezeigt, dass es neben dem Rauchen von rohen Blättern und Blätterzubereitungen eine weitere Methode zur Einnahme von Salvia gibt, die der traditionellen Mazateken-Methode, bei der die frischen Blätter gekaut werden, am nächsten kommt. Sie erfordert die Einnahme eines alkoholischen Extraktes aus *Salvia divinorum*, der langsam über die Mundschleimhaut aufgenommen wird. Dieses Vorgehen, für die man ein oder zwei Pipetten der alkoholischen Tinktur benötigt, erlaubt eine sorgfältig kalibrierte Einnahme und erzeugt eine Erfahrung, die etwa 30-40 Minuten dauern kann und somit ausgedehntere Divinationen erlaubt als beim Rauchen. Diese Extrakte, die Siebert *Sage Goddess Emerald Essences* nennt, können über seine Webseite bezogen werden.

Sieberts Webseite gibt detaillierte Informationen und Anleitungen zur produktiven und sicheren Nutzung von *Salvia divinorum* in ihren verschiedenen

Formen. Er hat eine 6-Punkte-Skala für den Intensitätsgrad von Salvia-Erfahrungen entwickelt. Die Ebenen 1 und 2 umfassen subtile Wirkungen in Bezug auf veränderte visuelle und akustische Wahrnehmung und Erhöhung des ästhetischen und sinnlichen Vergnügens. Ebene 3 ist ein Zustand mit Fraktalen und geometrischer Bildsprache bei geschlossenen Augen, auch wenn diese sich bei geöffneten Augen auflösen. Ebene 4 umfasst komplexe Visionen und Stimmen, von denen man vollständig absorbiert wird, solange die Augen geschlossen sind. Man neigt dann dazu, die Wahrnehmung der vereinbarten Realität zu verlieren und die inneren Szenen für real zu halten. Die Erfahrungen der Ebene 5 umfassen die Loslösung von jeglicher Wahrnehmung einer getrennten Individualität, das heißt, die Teilnehmer erleben möglicherweise ein Verschmelzen des Bewusstseins mit Gott – oder auch mit einer Wand. Die Erfahrungen der Ebene 6 bestehen im Wesentlichen aus vollständig dissoziierter Unbewusstheit, in welcher sich der Körper der Person vielleicht nach wie vor zu bewegen versucht und man sich selbst verletzen kann, wenn man nicht geschützt wird. Siebert erwähnt die „verflachende" Wahrnehmung als eine mögliche Wirkung auf Ebene 2 – aber auch die Verstärkung der Tiefenwahrnehmung.

Betrachtet man die Einnahmemethoden aus der Perspektive einer möglich interessanten und therapeutisch wertvollen Divinationsarbeit, so wäre die Einnahme der gereinigten Essenz über die Mundschleimhaut bei weitem am nützlichsten. Sie führt zu länger andauernden Erfahrungen – 30 bis 40 Minuten plus Nachklang – und kommt der traditionellen Methode der Mazateken am nächsten, bei der die frischen Blätter langsam über die Mundschleimhaut absorbiert werden. In Hinblick auf ihren Nutzen für therapeutische Divination scheinen die niedrigeren Dosierungen oder Stärkegrade nützlicher zu sein. Einige der Teilnehmer aus der Gruppe von Ross Heaven, die selbst Therapeuten waren, erklärten, dass sie nicht empfehlen würden, hohe Dosierungen in der Arbeit mit Patienten oder Klienten einzusetzen, obschon sie selber mit hohen Stärkegraden etwas aus ihren Erfahrungen gelernt hatten.

In einigen eigenen Erfahrungen mit dieser Substanz hat sich mir noch einmal der Wert und die Bedeutung einer klaren Intention oder Absicht bestätigt, eine diagnostische oder Heilungsabsicht, wenn man mit dieser Pflanzenmedizin arbeitet. Versuche, bei denen man sagt, dass sie „einfach sehen möchten, was da kommt" tendieren dazu, bei niedrigeren Dosierungen uninteressante Ergebnisse und bei höheren Dosierungen beängstigende dissoziative Wirkungen zu produzieren. Oder sie finden sich möglicherweise, so wie es mir selbst einmal passierte, mit einer Erinnerung oder dem erneutem Erleben einer ungeheilten Situation aus ihrem eigenen Leben wieder. Der Salvia-Geist hatte diese Situation irgendwie zielsicher identifiziert und mir präsentiert. So eine Erfahrung könnte ebenso zermürbend sein, wie wenn man die unerwartete Diagnose eines ungeheilten Krankheitsprozesses erhält.

Was ist der wesentliche Punkt oder der wirkliche Wert der Verflachung oder des Verlustes der Tiefe der Wahrnehmung? Eigentlich würde man doch für eine gültige diagnostische Sichtweise in die innere Struktur dessen, was auch immer man betrachtet, „hineinsehen" wollen. Ist diese flachmachende Wirkung als eine Lehre über die Oberflächlichkeit unserer gewöhnlichen, konditionierten Wahrnehmung zu verstehen? Ich schätze die Antwort von Daniel Siebert auf seiner Website auf die Frage, ob Salvia ein Entheogen sei. Er schrieb:

> „Genauer gesagt weist *entheogen* auf eine bestimmte Art des Drogengebrauchs hin und nicht auf die Art der Droge. Salvia *kann* als Entheogen genutzt werden. Als solches wird es verwendet, wenn man es als Teil einer ernsthaften spirituellen Suche zu sich nimmt; doch ein Großteil der westlichen Salbei-Nutzung kann nicht als entheogen bezeichnet werden."

Bei einigen meiner Erfahrungen mit Salvia vor ein paar Jahren (bei denen ich eine Mischung in 4-facher Stärke rauchte) erhielt ich einige Hinweise, wie die Pflanzenessenz möglicherweise bei Heilungsdiagnosen helfen könnte – obwohl ich sah, dass es dafür viel Training und Konzentrationsübung brauchen würde. Einmal fühlte ich mich, nachdem ich den Rauch inhaliert hatte, in einem klar gegliederten Raum immobilisiert, in dem mein Körper irgendwie „da unten" geparkt war, während mein Bewusstsein sich im ganzen Raum und sogar im ganzen Haus ausdehnte. Ich dachte, dass die Divination vielleicht auf diese Art funktionieren könnte: Man wäre damit in der Lage, das eigene Bewusstsein in den Raum eines anderen zu senden – vorausgesetzt, man könnte sich auf diese Absicht konzentrieren. Bei einer anderen Gelegenheit rauchten ein Freund und ich die verstärkte Blätterzubereitung, und ich begann die „Ist-heit", das existenzielle „Dasein" von den Dingen zu spüren.

Ich erwähnte dies kurz meinem Freund gegenüber, und als ich meine Augen wieder schloss, geschah etwas wirklich Interessantes. Ich fühlte mich, als wäre mein Schädel eine Kugel, die sich geöffnet hatte und mein Gehirn der reinen Wahrnehmung der Umgebung aussetzte, eine „ausbreitende" Art von Bewusstsein.

Als ich über diese Erfahrungen nachdachte, wurde mir bewusst, dass ich die Wahrnehmung einer Pflanze erlebte – oder besser gesagt, mein normaler menschlicher Kopf war zum „Kopf" oder zu der Spitze einer Pflanze geworden. Dann inhalierte ich noch einen weiteren Zug des Rauchs, um herauszufinden, ob ich dies durch die Ausdehnung des Pflanzenbewusstseins auf meinen gesamten Körper und nicht nur auf den Kopf bestätigen konnte. Und tatsächlich – „ich" verwandelte mich in eine vielblättrige grüne Pflanze, die der Salvia-Pflanze ähnlich war. Ich sah an mir herunter (natürlich mit geschlossenen Augen) und mein Körper war ein grüner Stängel; alle meine inneren Organe waren wie Blätter, die in gewisser Weise am zentralen Stängel „hingen". Meine inneren Organe hatten sich alle in Sinnesorgane verwandelt, welche die Umgebung wahrnahmen – Licht, Hitze, Chemikalien etc.

Ich realisierte, dass die Tatsache, dass die Wahrnehmungsempfindungen einer Pflanze nicht durch die Haut gepuffert sind, wie das bei uns Tieren überall der Fall ist, was bedeutet, dass die Wahrnehmung der Umgebung bei Pflanzen sehr viel sensitiver ist als bei Tieren. Die existenzielle Ist-heit oder das Dasein, das ich zuvor empfunden hatte, war das Verwurzelt-Sein einer Pflanze. Die inneren Organe eines menschlich-tierischen Körpers – Leber, Herz, Magen usw. – sind alle mit dem Mesenterialstamm verbunden, genauso wie die verschiedenen Blätter einer Pflanze alle mit dem Hauptstamm verbunden sind. Als Pflanze war „ich" vollständig den Elementen oder dem Angriff von räuberischen Tieren ausgeliefert. Flucht war nicht möglich. Aber ich fühlte mich weder ängstlich noch verwundbar – das wären typische Säugetier-Empfindungen. Es war lediglich das „So-Sein" eines pflanzlichen Lebens. Wie dem auch sei, für eine Pflanze ist es keine große Sache, wenn der Kopf abgeschlagen wird, wie es das für ein Tier sein würde – als Pflanze würde man einfach einen weiteren Kopf wachsen lassen.

Aufgrund derartiger Erfahrungen begann ich zu verstehen, wie ein erfahrender Heiler, der die Salbei-Medizin benutzt, in der Lage sein könnte, sich mit seinem spürenden Bewusstsein in den Körper eines anderen menschlichen Tieres hineinzubewegen. Man könnte wahrnehmen, welche Organe nicht gesund sind und welche energetische oder ernährungsmäßige Unterstützung sie benötigen könnten – so wie ein Gärtner sich in die Bedürfnisse von Pflanzen, die er pflegt, hineinspüren kann.

Ich begann auch die mittelalterliche Geschichte vom *Grünen Ritter* auf neue Weise zu verstehen. Wie ich in meinem Buch *Das mystische Grün* schrieb, erscheint in den Legenden um König Arthur der Grüne Ritter (mit grünem Gesicht, grüner Rüstung, grünem Helm und auf einem grünen Pferd sitzend) eines Tages am Königshof und fordert jeden der anwesenden Ritter heraus: Er schlägt vor, dass sein Kopf abgeschlagen wird, und der Ritter, der dies tut, muss ein Jahr später seiner eigenen Enthauptung zustimmen. Nach erheblichem Zögern akzeptiert Sir Gawain die Herausforderung und schlägt dem Grünen Ritter den Kopf ab. Der Grüne Ritter hebt daraufhin gelassen seinen Kopf auf, klemmt ihn unter seinen Arm und reitet davon, während er verspricht, Gawain in einem Jahr wieder zu treffen, um das Versprechen zu erfüllen. Die restliche Geschichte erzählt von den Prüfungen, die Gawain auf dem Weg zum Treffen mit dem Grünen Ritter zu bestehen hat, um seine Loyalität und Integrität zu beweisen. So wird ersichtlich, dass der Grüne Ritter symbolisch eine Personifizierung der regenerativen Kraft des Pflanzenreiches ist, dem der stolze Mensch sich ergeben oder den Preis bezahlen muss.

Cannabis sativa und *Cannabis indica*

Die Hanfpflanze hat in östlichen und westlichen Kulturen eine reiche und uralte Geschichte als Heilmittel und als Stimulans für kreativen Weitblick. Sie bildete außerdem den Brennpunkt mehrerer Kulturkriege des 20. Jahrhunderts, die dazu führten, dass die Leben von Zehntausenden durch Gefängnisstrafen für Verbrechen ohne Opfer zerstört wurden. Diese Kulturkriege des Westens treten nun möglicherweise in eine neue Phase ein, da eine steigende Anzahl von US-Bundesstaaten und andere Länder sich in Richtung einer Entkriminalisierung des Freizeitgebrauchs bewegen und Forschungen über die vielfältigen Heilungspotenziale der Cannabispflanze unterstützen. In Verbindung damit geht der gesellschaftliche und kulturelle Kampf einher mit Bemühungen um die Wiedereinführung des Hanfanbaus in der amerikanischen Landwirtschaft, wo Hanf bis ins frühe

20. Jahrhundert eine der Hauptquellen von Fasern für Taue, Segel, Kleidung und Baumaterial war und wo Farben, Lacke, Beleuchtung, Nahrung sowie Medizin aus Hanfsamen hergestellt wurden.

Ein kürzlich erschienener Newsletter der *Drug Policy Alliance*, einer Gruppe, die eine Politik der Schadensbegrenzung für jede Art von Drogengebrauch unterstützt, fasst die gegenwärtig bestätigte Kenntnis der Wirkungen von Cannabis auf die Gesundheit folgendermaßen zusammen:

1. Marihuana-Raucher können ähnliche Atmungsprobleme haben wie Tabakraucher; Studien haben jedoch gezeigt, dass selbst regelmäßiger und starker Gebrauch nicht zu Lungenkrebs führt.

2. Marihuana-Rauchen kann in seltenen Fällen und vorübergehend das Risiko eines Herzinfarktes erhöhen.

3. Metaanalysen konnten eine systematische Wirkung auf die neurokognitiven Funktionen bei regelmäßigen Langzeitnutzern nicht bestätigen.

4. Studien über den Gebrauch von Cannabis bei Depressionen legen nahe, dass ein moderater Gebrauch eine antidepressive Wirkung haben kann, während hohe Dosen eine Depression verschlimmern können.

5. Marihuana verursacht keine Schizophrenie, könnte aber bei jüngeren Leuten, die dafür prädisponiert sind, psychotische Reaktionen herbeiführen.

6. Obgleich manche Marihuana-Nutzer abhängig von der Droge werden können, sind das Abhängigkeitsrisiko, die Schwere der Abhängigkeit und die sozialen Kosten signifikant geringer als bei Alkohol und Tabak.

7. Marihuana ist keine „Einstiegsdroge": Leute, die andere bewusstseinsverändernde und abhängig machende Drogen nehmen, haben vermutlich auch Cannabis geraucht, aber die meisten Marihuana-Nutzer gebrauchen nie irgendeine andere illegale Droge.

Die Bandbreite der dokumentierten positiven Wirkungen von Cannabis auf die Gesundheit ist umfangreich und wächst noch immer. Sie umfasst Arthritis, Asthma, chronische Schmerzen, Depression, Epilepsie, Glaukom, gewisse Tumoren, Schlaflosigkeit, Menstruationskrämpfe, Migräne, Bewegungsstörungen, Essstörungen, Multiple Sklerose, Übelkeit, Appetitverlust, Hauterkrankungen und andere. Tatsächlich jedoch beeinflusst seine Vielseitigkeit bei der Heilung verschiedenster Erkrankungen die politischen Aussichten für Cannabis nachteilig, da das Big-Business-System der Medizinal- und Pharmafirmen patentierbare Heilmittel für spezifische Erkrankungen bevorzugt. Eine umfangreiche Zusammenfassung der sozialen, medizinischen, und wissenschaftlichen Aspekte von Marihuana wurde kürzlich in dem Buch *Smoke Signals* (2012) von Martin A. Lee veröffentlicht.

Der israelische Wissenschaftler Raphael Mechoulam identifizierte THC (*Tetrahydrocannabinol*) als den hauptsächlichen psychoaktiven und medizinischen Bestandteil in der Cannabispflanze. Bezeichnenderweise entdeckten Mechoulam und andere, dass die Körper von Menschen sowie allen anderen Wirbeltieren in mehreren Körperorganen ein inhärentes Endocannabinoid-System in sich tragen. Es funktioniert als Teil eines endogenen Immunsystems, das die Kommunikation und Koordination zwischen den verschiedenen Zelltypen ermöglicht.

Mechoulam hat die Wirkungen dieses Endocannabinoid-Systems, das durch die Einnahme von Cannabis stimuliert und gestärkt wird, wie folgt zusammengefasst: Es *entspannt* und unterstützt dadurch Ruhe und Schlaf; es *stimuliert den Appetit* und wirkt dadurch Übelkeit und Gewichtsabnahme entgegen; es hilft beim *Vergessen* und wirkt dadurch lindernd auf den Einfluss von alltäglichem Stress. Mechoulam zeigte auf, dass „Vergessen", obwohl es normalerweise als Defizit betrachtet wird, definitiv ein Pluspunkt ist, indem es uns erlaubt, den unvermeidlichen Stress im Alltagsleben und bei der Arbeit zu vergessen. Wegen der Beeinträchtigung des Gedächtnisses ist es naheliegend, dass man den Konsum von Cannabis vermeiden sollte, wenn man komplexe Tätigkeiten ausübt, die ein funktionierendes Gedächtnis erfordern. Das häufig festgestellte verminderte Erinnerungsvermögen an Träume, wenn Cannabis vor dem Einschlafen konsumiert wird, ist wahrscheinlich ebenso auf das durch das Cannabis induzierte Gedächtnisdefizit zurückzuführen. Ich habe von starken Cannabis-Nutzern gehört, dass ihre Fähigkeit, sich an Träume zu erinnern, sich enorm verbesserte, wenn sie aufhörten zu rauchen.

Ich würde vier zusätzliche Aspekte der Cannabis-Erfahrung – und vermutlich des *Endocannabinoid-Systems* – zur obigen Liste hinzufügen:

1. Erhöhter Geschmackssinn, der zu der appetitanregenden Wirkung hinzukommt;

2. Gesteigerte Berührungsempfindlichkeit, die mit der allgemein anerkannten erotischen Stimulation verbunden ist;

3. Erhöhtes akustisches Wahrnehmungsvermögen, das traditionell von Jazzmusikern und Musikliebhabern jeder Art sehr geschätzt wird. Diese Wirkung auf das Hörsystem könnte der Ausdruck eines elementareren Zeitdehnungseffekts sein, das den Hörer eine musikalische Phrase in einer Art zeitlosem akustischen Raum genießen lässt.

4. Eine weitere oft wahrgenommene Cannabis-Wirkung sind spontane Ausbrüche unbezähmbaren Gelächters ohne offenkundig witzigen Auslöser. In dem Dokumentarfilm *What if Cannabis Cured Cancer?* (Was, wenn Cannabis Krebs heilen würde?) aus dem Jahr 2010 können einige der Probanden, die im Forschungslabor befragt werden, während sie bekifft sind, sich vor Lachen kaum halten. Wie auch immer, die heilende und das Immunsystem stärkende Wirkung von Humor ist wohlbekannt und formuliert in dem alten Sprichwort „Lachen ist die beste Medizin".

In einem alten Cartoon von R. Crumb, der irgendwann in den Sechzigerjahren erschien, ist der Humor mit der Zeitdehnung verbunden: Zwei sehr bekifft aussehende Typen sitzen auf einer Veranda in einer kleinen Westernstadt, und ein Motorradfahrer, der offensichtlich soeben durch die Stadt geröhrt ist, verlässt diese gerade wieder. Einer der Typen dreht sich um und sagt zum Anderen: „Mann, ich dachte, er fährt nie mehr weg."

Dale Pendell klassifiziert *Cannabis sativa* in *Pharmacopoeia* als einziges Mitglied seiner Gruppe von *Evaesthetica* und als „sensuell angenehm".

Euphorie. Gedankenmanifestation bis hin zu Gedankenanimation; formale Strukturen gesehen unter ihrer eigenen Bezeichnung; ästhetische Erfahrungen, persönliche und sexuelle, alle sehr deutlich ans Licht gebracht. Mehr Humor und Witz, Aufmerksamkeit gegenüber Ideen und Anspielungen in der Unterhaltung. Oder wenn nicht, zumindest gespannte Aufmerksamkeit, während du zuhörst.

Vielleicht das Erstaunlichste: dass Haschisch sogar fähig zu sein scheint, einen dabei zu unterstützen, Bücher in einer Sprache zu lesen, die man kaum beherrscht; die Bedeutung taucht auf aus verborgenen Wurzeln und verwandten Worten.

Muster entstehen: visuelle Muster, größere Strukturen und Gespräche in Musik, Einsichten in Andere, und Einsichten in das Selbst. Sinneserweiterung: neue Geschmacksrichtungen, neue Klänge, Farben mit einem spirituellen Glanz. Große Seltsamkeit.

Zitat S. 179–207

3
Vorsichtsmaßnahmen
und Sicherheitsfaktoren

Die Kunst ist lang, das Leben kurz,
Die Gelegenheit flüchtig, die Erfahrung trügerisch,
Das Urteil schwierig.

Hippokrates, «der Vater der Medizin»

Das Thema der Vereinbarungen oder „Regeln" für Gruppensitzungen mit psy-chedelischen Substanzen provoziert mehr verschiedene Meinungen und Stand-punkte als jede andere. Die Frage ist für einzelne Forschende irrelevant, etwa für viele unter denen, die im Internet über ihre individuellen Erkundungen berichten. Das Thema ist ebenfalls irrelevant für Sitzungen mit einem Leiter oder Guide, des-sen Gepflogenheiten explizit oder implizit von denjenigen akzeptiert worden sind, die eine Einladung zur Teilnahme am Ritual angenommen haben. In selbstorgani-sierten Gruppen mit gleichrangigen Teilnehmern werden diese Themen dagegen eher ausführlich diskutiert. Dennoch sollten verantwortungsbewusste Forschende die Aspekte der Sicherheit und des möglichen Schadens berücksichtigen, den man sich selbst oder anderen im Kontext entheogener Rituale zufügen kann, unab-hängig davon, ob die Gruppe einen Leiter hat oder ob die Gruppe aus erfahrenen Freunden besteht. Dieses Thema ist eines der zentralen Unterscheidungskriterien, das den Freizeitgebrauch von Psychedelika von ihrem Gebrauch für spirituelle Er-forschung, Heilung und Kreativität trennt.

Vertraulichkeit

Eine Vereinbarung zur Wahrung der Diskretion hinsichtlich des Gebrauchs be-wusstseinserweiternder Substanzen – deren Besitz in fast allen modernen National-staaten illegal ist – ist eine wesentliche Voraussetzung im Umgang mit dem Gebrauch dieser Substanzen im Untergrund. Die einzige Ausnahme würde für Teilnehmer eines durch die DEA/FDA bewilligten medizinischen Forschungsprojekts gelten, bei dem die Beschaffung der technischen „Schmuggelware" streng kontrolliert und überwacht wird.

Der wichtigste Grund für die Vertraulichkeitsvereinbarung ist natürlich die reale Gefahr einer Festnahme und Inhaftierung wegen Besitz von verbotenem Material oder Aufenthalt an einem Ort, wo verbotene Waren konsumiert werden. Aus diesem Grund sollte die Vereinbarung nicht nur für den Leiter und alle an der Sitzung teilnehmenden Personen gelten, sondern auch das Zentrum oder den Ort, an dem die Veranstaltung stattfindet, sowie dessen Besitzer einschließen. Dies bedeutet kein Verbot für diejenigen, die ihre Erfahrung mit nahestehenden Menschen oder anderen Personen teilen möchten: Sie können anderen Menschen über ihre Erfahrungen mit den Heilmittel so viel erzählen, wie sie wollen – sie dürfen lediglich keine Namen von Personen oder den Ort nennen.

Wenn ein Ehepartner oder Lebenspartner an einer entheogenen Sitzung ohne den Partner teilnimmt, wird der Einzelne manchmal sagen (oder im Stillen denken): „Ich teile alles mit meinem Ehegatten oder Partner, weil es Teil unserer intimen Bindung ist." In solchen Situationen ist es wichtig, sich zu vergegenwärtigen, dass die Vertraulichkeitsvereinbarung die Namen der Gruppenteilnehmer sowie des Gruppenleiters, den Ort, an dem die Gruppenzeremonie stattfindet (dessen Bekanntgabe ernste rechtliche Konsequenzen haben könnte) und die Erfahrungen, die andere Personen vertrauensvoll mitgeteilt haben, mit einschließt. Natürlich können die Teilnehmer ihren Partnern die Beschaffenheit und die Details ihrer eigenen persönlichen Erfahrungen mitteilen, die in der Tat ein willkommenes Thema für intime Gespräche und Reflexionen sein könnten.

Diese Vereinbarung wird insbesondere dann relevant, wenn einer der Partner eines Paares teilnimmt, das sich in einem Konflikt befindet, und der Partner entfremdet oder gegen den Gebrauch von Entheogenen ist oder sich davor fürchtet, aus welchem Grund auch immer. Dann kann es passieren, wie es einem mir bekannten Paar in einem europäischen Land geschah, dass der geschiedene, aber nach wie vor verbitterte Partner eines Zeremonienteilnehmers die Behörden darüber informierte, dass eine Sitzung mit illegalen Substanzen stattfand – was zur Verhaftung und Gefängnisstrafe für den Arzt führte, der die Sitzung leitete. Natürlich ist es eine berechtigte Frage, ob eine solche Vertraulichkeitsvereinbarung diese unglückliche Wendung der Ereignisse verhindert hätte – und es ist ebenso unklar, ob eine derartige Vereinbarung immer getroffen werden kann, wenn Partner einander bekämpfen. Aber zumindest sollte man diese Frage in solchen Situationen vorab in Erwägung ziehen und diskutieren.

Eine andere Situation kann sich einstellen, wenn eine Person an einer Gruppe oder einer individuellen psychedelischen Sitzung mit einer psychotherapeutischen Heilungsabsicht teilnimmt und sich in einer psychiatrischen Behandlung befindet, die eine Medikation mit Psychopharmaka einschließt. Hier gibt es mehrere potenziell schwierige Aspekte: Einerseits ist dies der Gebrauch anderer Medikamente, die potenziell die bewusstseinserweiternde Wirkung der Entheogene beeinträchtigen oder deren Wirkung verstärken oder komplizieren könnten. Das andere Problem ergibt sich, wenn der behandelnde Arzt oder der behandelnde Psychiater den Gebrauch psychoaktiver Substanzen ablehnt oder deren Wirkungen oder Wechselwirkungen nicht kennt. Eine mögliche Lösung dieses Problems für den Teilnehmer besteht darin, den behandelnden Arzt und/oder Psychotherapeuten um die Erlaubnis zur Teilnahme an einer psychedelischen Sitzung zu bitten, ohne dabei die Identität des entheogenen Führers (wegen der Vertraulichkeit) preiszugeben.

In der Öffentlichkeit und bei Fachleuten sind mittlerweile die Kenntnisse des therapeutischen Potenzials psychedelischer Substanzen – zumindest in den Vereinigten Staaten oder wenigstens in Kalifornien – so weit verbreitet, dass Situationen wie die folgende leicht auftreten können: Ein im Untergrund arbeitender psychedelischer Psychotherapeut erhält eine Anfrage für eine geführte therapeutische Sitzung mit MDMA für einen Klienten mit gemischter Diagnose, begleitet von schriftlichen Berichten des Psychologen und des behandelnden Arztes. Diese stellen das Gesuch für die MDMA-Sitzung für den Klienten und erklären ihre Bereitschaft zu Folgekonsultationen nach der Behandlung sowie zur Verschreibung allenfalls erforderlicher und unterstützender Medikamente. Die behandelnden Fachleute können diese Behandlung nicht selbst anbieten, aber sie könnten sie empfehlen und den Klienten an einen „Untergrund"-Therapeuten überweisen. Wahrscheinlich ist es häufiger der Fall, dass Personen auf Heilungsmethoden mit

Psychedelika zurückgreifen, wenn sie nicht mehr in medizinischer Behandlung sind und die volle Verantwortung für ihr Wohlergehen und ihren Medikamentengebrauch selbst übernehmen.

Es gibt einen zweiten Grund für die ausdrückliche Vertraulichkeitsvereinbarung in Gruppen, die Psychedelika gebrauchen, und in mancherlei Hinsicht ist dies wahrscheinlich der wichtigere Grund. In Gruppen mit einer Kreis- oder Ratsstruktur, in denen die Teilnehmenden intime Details über ihre persönliche und familiäre Situation mitteilen, lautet die Vereinbarung, dass alles, was auch immer enthüllt wird, absolut vertraulich ist und nichts davon außerhalb des Zirkels besprochen wird. Diese Vereinbarung ist der wesentliche Faktor, der das Vertrauen der Teilnehmer stärkt und ihnen ermöglicht, in die tiefsten Anteile ihres Selbst einzutauchen, um sich mitzuteilen – und dabei sicher zu sein und sich sicher zu fühlen. Es gehört auch zur Ethik solcher Gruppen-Ratskreise, dass nie implizit oder explizit von jemandem verlangt wird, etwas zu mitzuteilen, was er oder sie nicht mitteilen kann oder will.

Die Frage nach dem Umgang mit Ton- oder Videoaufnahmen in Zeremonien und bei den anschließenden Integrationssitzungen muss ebenfalls explizit angesprochen werden. Verschiedene Gruppen treffen unterschiedliche Vereinbarungen. Heimliche Aufnahmen schaffen tendenziell eine misstrauische oder sogar paranoide Atmosphäre und schaden dem Vertrauen. In den Gruppen, mit denen ich verbunden war, gab es keine Aufnahmen und auch keine Notizen – nicht während der Zeremonie selbst und auch nicht, wenn jemand in der Integrationsphase von seiner Erfahrung berichtete. Damit soll nur schon das Auftauchen oder der Verdacht auf heimliche Aufnahmen verhindert werden.

Dies sind einige der wesentlichen Unterschiede zwischen einer heiligen Zeremonie oder sakralen Ritual und einem Workshop oder Lernkurs, bei denen man dazu ermutigt wird, Notizen zu machen. Wer in einem Ritual spricht, tut dies aus dem Herzen und dem Geist, und die Zuhörer lauschen mit voller Aufmerksamkeit aus dem Herz-Geist. Durch die empathische und nicht-wertende Aufmerksamkeit der Zuhörer wird die Geschichte des Sprechers gleichsam magnetisch aus dessen innersten Seelenkern gezogen.

Vorerkrankungen und Kontraindikationen

Bei individuellen psychotherapeutischen Behandlungssitzungen, die in einer medizinischen Forschungsklinik oder in einem Suchtzentrum stattfinden, gibt es oft eine Liste von Vorerkrankungen, bei welchen die zuständigen Therapie- oder Forschungsleiter Kandidaten von der Teilnahme ausschließen würden. In der Broschüre eines Ibogain-Suchtbehandlungszentrums in Mexiko sind zum Beispiel folgende medizinischen Kontraindikationen für eine Behandlung aufgelistet: aktive Infektionen wie Pneumonie, AIDS/HIV, Magengeschwür, Gefäßkrankheiten, Krebs (nicht in Remission), Erkrankungen des Gehirns, hoher Blutdruck, Darmerkrankungen, Nierenkrankheiten und andere.

In selbstgeleiteten, nichtmedizinischen Forschungsgruppen wie denen, die Shulgins Forschungsprotokoll und andere benutzen, gibt es üblicherweise keine fixen Regeln dazu, wann jemand wegen vorab existierender Krankheiten ausgeschlossen werden sollte – obwohl Teilnehmer, die zur Zeit der Sitzung krank sind, sich wahrscheinlich abmelden würden. Die Sitzungsteilnehmer sind nicht dazu da, um ein neues Behandlungsprotokoll für einen medizinischen Zustand zu testen, sondern zur Erforschung verschiedenartiger Bewusstseinszustände. Auch die traditionellen Ayahuasca-Zeremonien mit Mestizen-Leitern sind nicht darauf ausgerichtet, irgendeine Krankheit zu heilen oder irgendwelche Süchte zu überwinden. Westliche medizinische oder psychiatrische Diagnosen oder Kategorien gehören nicht zu ihrem Weltbild, obwohl einige Westler, die an traditionellen Ayahuasca-Zeremonien im Amazonasgebiet teilgenommen haben, tatsächlich über Linderung oder manchmal sogar über Heilungen lange bestehender chronischer Krankheiten wie Krebs berichtet haben. Die indigenen und Mestizen-Schamanen neigen eher dazu, den Heilungsprozess als eine Befreiung von „bösen Geistern" zu betrachten, welche die Person irgendwie heimgesucht oder infiziert haben – möglicherweise auch durch absichtliche Zauberei.

Die selbstorganisierten hybriden schamanisch-therapeutischen Gruppen, die in den letzten 30 Jahren in Europa und Nordamerika entstanden sind, haben üblicherweise oder meistens ein Vorgehen übernommen, bei dem die Teilnehmer dazu aufgefordert werden oder man von ihnen erwartet, dass sie wegen der potenziellen unbekannten Wechselwirkungen der verschiedenen Drogen keine anderen

Psychopharmaka nehmen. Es ist weitgehend anerkannt, dass im Fall der Pflanzen- oder Pilzarzneien, die von Schamanen seit Hunderten oder vielleicht Tausenden von Jahren genutzt werden, das Prinzip der natürlichen Auslese sicherstellt, dass die Arzneien, welche die indigenen Schamanen nutzen, sicher sind und zu einer gesunden, spirituell zentrierten Lebensweise beitragen.

Dies lässt sich aber über die neuen Drogen, die in westlichen Forschungslaboren produziert werden, definitiv nicht sagen – weder über die offiziell anerkannten Drogen für bestimmte physische oder psychische Erkrankungen noch über diejenigen, die von Untergrundchemikern unter Bedingungen mit variierenden Reinheits- oder Toxizitätsgraden produziert werden. Zudem kann man, wie Shulgin und andere Chemiker und Pharmakologen in ihren Arbeiten wiederholt betont haben, aus einigen wenigen Dutzend Versuchen mit sicheren Dosierungs-Bandbreiten nicht verallgemeinernd auf eine allgemeine Sicherheit schließen, wenn man sie wiederholt oder in größeren Dosierungen oder mit unbekanntem Reinheitsgrad einnimmt, so wie wir es von Drogen wie MDMA und seinen populären Nachfolgern oder von Varianten wie „Ecstasy" oder „Molly" kennen.

Im Fall von Ayahuasca, einer Kombination aus der Tryptamin enthaltenden Pflanze *Psychotria viridis* und der Harmin/Harmalin enthaltenden Liane *Banisteriopsis caapi*, kann ein spezifischer toxischer Zustand bei denjenigen eintreten, die SSRI (selektive Serotonin-Wiederaufnahme-Hemmer) als Antidepressiva verschrieben bekommen haben und dann Ayahuasca nehmen, was die Serotoninspiegel im Gehirn durch Blockierung ihres metabolischen Abbaus erhöht. Es gibt die Möglichkeit eines seltenen, aber potenziell gefährlichen toxischen Zustandes, auch als „Serotoninsyndrom" bekannt, der durch exzessive Serotoninspiegel im Gehirn ausgelöst wird, die aufgrund der gleichzeitigen Einnahme von Ayahuasca und pharmazeutischen SSRI auftreten können. Detaillierte Beschreibungen dieses Zustands kann der Leser in den Arbeiten des Neurochemikers J. C. Callaway nachlesen und meine eigenen in meinem Buch *The Ayahuasca Experience* zu Rate ziehen. Ayahuasca – selbst ein Dekokt aus zwei unterschiedlichen Pflanzen – ist in seiner gekochten Pflanzenform nicht giftig und hat nachgewiesenermaßen eine Reihe gesundheitsfördernder und das Wohlbefinden unterstützende Wirkungen.

Im Fall von MDMA sind die auf den Menschen bezogenen pharmakologischen Wirkungen und Sicherheitsaspekte wegen der FDA-anerkannten Forschungsprojekte intensiv studiert und dokumentiert worden. Die Berichte der Forschungsliteratur können über die Webseite der MAPS-Organisation eingesehen werden, die eine der ersten Organisationen ist, die solche Forschungen durchgeführt haben. Was *Ecstasy* in seiner populären Form betrifft, so wurde es in den letzten zwanzig Jahren in allen Teilen der Welt bei Tanz- und Rave-Veranstaltungen, die von Hunderttausenden (manche schätzen Millionen) besucht wurden, verteilt und konsumiert, und die Datensammlung fand notwendigerweise unsystematisch und sporadisch statt. Obgleich es einige dokumentierte Todesfälle aufgrund von Überdosierung gab, ist es jedoch schwierig, an die Fakten dazu heranzukommen, inwieweit es sich bei der konsumierten Droge um reines MDMA handelte oder ob sie aus einer Mischung mit anderen Drogen mit unbekanntem Reinheitsgrad bestand. In Anbetracht der enormen Anzahl Teilnehmer an diesen Veranstaltungen ist die Anzahl von belegten Fällen mit negativen Drogenreaktionen verschwindend klein.

In den ersten Jahren, nachdem der Gebrauch von *Ecstasy* bei Tanzveranstaltungen populär geworden war, gab es einige Todesfälle aufgrund von Dehydratation: Überstimulierte Rave-Tänzer waren sich der Notwendigkeit einer regelmäßigen Rehydrierung nicht bewusst, und gierige Veranstaltungsorganisatoren ließen sich Wasserflaschen bezahlen. Nach einiger Zeit war dieser Faktor bekannt geworden, und es wurde Teil der akzeptierten sozialen Ethik bei diesen Veranstaltungen, dass überall reichlich Wasser frei zur Verfügung steht und dass es Chill-out-Bereiche gibt, wo die Besucher sich nach dem energetischem Tanzen einfach nur entspannen und einander begegnen können.

Obwohl die Notwendigkeit einer regelmäßigen Rehydrierung bei Einnahme von MDMA oder Ecstasy bekannt ist (besonders bei größeren Partys) gibt es noch eine weniger bekannte und seltener auftretende physiologische Gefahr, die mit MDMA auftreten kann – wenn Wasser exzessiv konsumiert wird, kann das zu einer *Hyponaträmie* oder „Wasservergiftung" führen. Exzessiver Wasserkonsum stört das Gleichgewicht zwischen den Elektrolyten Natrium und Kalium, das die Funktionen des Nervensystems stört – das kann, sofern es nicht erkannt und behandelt wird, zu Durchfall, übermäßigem Speichelfluss, Stupor, Erbrechen, Muskelzittern, Verwirrung, häufigem Wasserlassen und potenziell tödlichen Hirnschäden führen. Wenn man Sportgetränke trinkt anstatt reines Wasser, bleiben Salz- und Elektrolytspiegel im Gleichgewicht, und man kann einer *Hyponaträmie* vorbeugen. Kokoswasser, das eine gesunde Balance der notwendigen Mineralien und Elektrolyte enthält, ist eine nützliche Alternative zu reinem Wasser, aber jedes ausgewogene Elektrolytgetränk hilft dabei, sowohl einer Überhitzung (*Hyperthermie*) als auch einer Wasservergiftung (*Hyponaträmie*) vorzubeugen.

In diesem Buch beschreibe oder diskutiere ich weder Vorsorgemaßnahmen für einen sicheren Drogenkonsum noch negative Reaktionen an Massenveranstaltungen wie Raves oder *Burning Man*. Die MAPS-Organisation und Gruppen wie *Dancesafe* haben ihre eigenen Sicherheits- und Trainingsprotokolle für solche Veranstaltungen entwickelt. In diesem Buch kümmern wir uns um kleinere Gruppen und individuelle Erfahrungen, die der Heilung, Erforschung und dem psychospirituellen Wachstum gewidmet sind. In diesen kleineren Gruppen, die auf intensive und psychotherapeutische innere Arbeit fokussiert sind und keine anstrengende körperliche Aktivität ausüben, ist das Auftreten eines Serotonin-Syndroms oder einer Hyponaträmie kaum zu erwarten.

Dennoch kann es Ausnahmen geben, wenn es ein vorab bestehendes medizinisches Problem gibt, das der Person unbekannt sein kann – oder bekannt ist, von ihr aber geleugnet und verheimlicht wurde. Ein Beispiel für das bis dahin unbekannte Vorliegen einer bestehenden Kontraindikation betraf einen Schweizer Psychiater, der in Frankreich mit einer Gruppe von Leuten mit Ibogain-Therapie arbeitete. Einer der Teilnehmer hatte einen bis dahin nicht diagnostizierten und nicht bekannten Herzfehler und starb während der Sitzung. Der Psychiater, der die Sitzung leitete, wurde verhaftet, wegen Totschlags angeklagt und bestraft, und er verlor seine Lizenz als Arzt.

Ein Beispiel für die Gefährlichkeit der Verschleierung ereignete sich in einer Gruppe in den Vereinigten Staaten, wo eine Teilnehmerin nach einer Sitzung mit MDMA dissoziative Symptome entwickelte: Sie konnte sich nicht genau erinnern, wo sie war oder was sie gerade tat, obwohl sie nicht verängstigt zu sein schien und ihre Vitalparameter, inklusive Puls und Temperatur, normal waren. Als sie dann doch ins Krankenhaus gebracht wurde, stellte sich heraus, dass ihr Natriumspiegel drastisch gesunken war (Hyponaträmie) und sie dem Tode nahe war. Sie hatte die klaren und deutlichen Vorsichtsmaßnahmen der Gruppe betreffend Antibiotika ignoriert und gelogen: Tatsächlich hatte sie ein paar Tage zuvor eine größere Zahnoperation gehabt und musste Antibiotika in hoher Konzentration einnehmen. Sie hatte Glück und wurde wieder gesund, nachdem das Natrium-Kalium-Gleichgewicht wiederhergestellt war. Aber sie konnte sich nie wieder vollständig an ihre Erfahrung erinnern, die mehr oder weniger komplett dissoziiert gewesen war.

Die sicherste Praxis in selbstorganisierten Gruppen entheogen Forschender bestünde also darin, die Einnahme von allen anderen psychoaktiven Drogen wie SSRI und allen Antibiotika und Antihistaminika einige Tage vor und während der Erfahrung selbst zu vermeiden. Auch dann noch besteht ein gewisses Risiko durch Personen, die entweder unwissentlich oder leichtsinnig gegen die vereinbarten Vorsichtsmaßnahmen verstoßen.

Notfälle, die eine Intervention von außen erfordern

Es gibt zwei Arten von Notfallsituationen, die für entheogen forschende Gruppen entstehen können – einen Notfall, der durch einen Grund außerhalb der Gruppe verursacht wird, und einen medizinischen Notfall, der innerhalb der Gruppe entsteht. Gruppen von entheogenen Bewusstseinsforschenden befinden sich in einem mehr oder weniger konzentrierten Trancezustand, vertieft in ihrer inneren Erfahrung, obwohl es möglicherweise eine Person in der Leitungsrolle gibt, die mehr mit den äußeren Anforderungen der Realität in Kontakt bleibt.

Ich erinnere mich, dass ich vor vielen Jahren mit einer Gruppe psychedelisch Reisender zusammen war, die sich an einem Ort in den *San-Gabriel*-Bergen in der Umgebung von Los Angeles traf. Die Gegend wird in der Trockenheitsperiode häufig von Wildfeuern heimgesucht. Zu diesem Zeitpunkt gab es Wildfeuer, aber das Gebiet, in dem wir uns trafen, war bis jetzt verschont geblieben, obwohl man Ortsansässige und Besucher gewarnt hatte, dass sie sich auf eine mögliche Evakuierung vorbereiten sollten. Bevor unsere Sitzung begann, diskutierten und übten wir mental, was wir tun würden, wenn es eine Aufforderung zur Evakuierung geben würde. Wir vereinbarten, bewusst jede weitere innere Erkundung abzubrechen, uns ruhig zu versammeln, unsere persönlichen Sachen ins Auto zu packen und wegzufahren. Da wir dies geübt und vorbereitet hatten, waren wir in der

Lage, uns auf die inneren Prozesse zu fokussieren, für die wir ohne jede Erwartungsangst zusammengekommen waren. Die Feuerwehrmänner kamen und gingen, und alles verlief reibungslos.

Einer der heikelsten Aspekte bei medizinischen Notfällen innerhalb der Gruppe ist es, Situationen zu erkennen, die eine umgehende Intervention von außen erfordern – oder sich von selbst lösen. In der oben beschriebenen Situation war eine Person in der Gruppe ein Sanitäter, doch auch er konnte bei der Frau die Symptome der Hyponaträmie nicht erkennen, zumal sie nicht lebensbedrohlich wirkten. Rückblickend betrachtet wäre es besser gewesen, die Ambulanz früher zu rufen. Manchmal haben Teilnehmer Angst, medizinische Hilfe zu rufen, wenn der Gebrauch illegaler Substanzen im Spiel ist, weil sie befürchten, damit einen Polizeieinsatz auszulösen. Meiner Erfahrung nach konzentriert sich das medizinische Personal, zumindest in den Vereinigten Staaten, eher auf die erforderlichen lebensrettenden Maßnahmen und kümmert sich im Allgemeinen nicht so sehr um den Vollzug von Strafgesetzen.

Ich empfehle den entheogen Forschenden der Untergrundkultur, die potente Drogen in einem nicht-medizinischen Kontext nehmen, der Notfallversorgung besondere Aufmerksamkeit zu widmen, weil dieses Vorgehen die Sicherheit der Reisenden unterstützt und Ängste vermindert. Selbst in Gruppen, in denen ein Arzt oder mehrere Ärzte als Teilnehmer dabei sind, ist es am besten, vorher eine Vereinbarung mit dem Arzt zu treffen, dass er oder sie auf Nachfrage bereit ist, die Arztrolle zu übernehmen und zu beurteilen, wann eine Intervention von außen notwendig ist. (Noch einmal: Da wir hier von einer Untergrundkultur sprechen, wird ein Arzt dieses Risiko vielleicht auf sich nehmen, vielleicht aber auch nicht).

Wenn es in der Gruppe keine Ärzte gibt, kann man alternativ einen befreundeten oder bekannten, vorzugsweise in der Nähe wohnenden Arzt fragen, ob er für einen „Bereitschaftsdienst" oder sogar für einen Notfalleinsatz zur Verfügung steht. Ich habe einmal individuell mit einer Person gearbeitet, die als Reaktion auf eine eigentlich harmlose Substanz Symptome zeigte, die ich nicht zuordnen konnte. Ich rief einen osteopathisch tätigen ärztlichen Kollegen an, der mir per Telefon empfahl, dass ich gewisse einfache Druckpunkte nutzen könnte, um der Person bei der Wiederherstellung ihres biochemischen Gleichgewichts zu helfen, was schließlich auch gelang.

Sexualität und Entheogene

Soviel ich weiß, halten sich die meisten Gruppen entheogen Forschender daran, keine sexuellen Handlungen während der Zeremonie vorzunehmen, da dies als Ablenkung von den Hauptthemen der Heilung und der Visionssuche betrachtet wird und trennende Energien in die Zeremonie bringen kann. Das Protokoll, welches Sasha und Ann Shulgin für ihre Forschungsgruppen entwickelten, erlaubt es verheirateten Paaren in der Gruppe, sich zeitweise zur sexuellen Kommunikation in einen separaten Raum zurückzuziehen. Neue Paarbildungen in der Gruppe hingegen werden durch die vorangehende Vereinbarung vermieden.

Ein zentraler Aspekt der klassischen bewusstseinserweiternden psychedelischen Erfahrung ist das Erkennen der vorgeprägten familiären und sozialen Beschränkungen von Gedanken, Wahrnehmungen, Gefühlen und Verhalten. Dies umfasst natürlich auch die Wahrnehmung der akzeptierten Beschränkungen im sexuellen Ausdruck – insbesondere in Kulturen, die so tief von puritanischen Werten durchdrungen sind wie die nordamerikanische und die europäische.

Wie Ram Dass und ich in unseren Memoiren aus der Ära der frühen Sechzigerjahre, *Birth of a Psychedelic Culture*, berichten, können Themen der sexuellen Aktivität und die ausgesprochene oder unausgesprochene sexuelle Anziehung in psychedelischen Erfahrungen mit ihrer enormen Verstärkung subtiler körperlicher Signale sehr schnell zu einer Störung des Gruppenzusammenhalts und sogar zu bleibender Entfremdung lebenslanger Freundschaften oder Partnerschaften führen. In meinen Büchern *Through the Gateway of the Heart*, *Die Kröte und der Jaguar* sowie in den Anthologien über Ayahuasca- und Psilocybin-Erfahrungen sind mehrere Beispiele für die unglücklichen Konsequenzen eines unaufmerksamen Umgangs mit sexueller Anziehung und Aktivität angeführt.

Ich erinnere mich an eine Gruppensitzung, die ich Mitte der Siebzigerjahre in der Schweiz moderierte, wo einige der Teilnehmer Praktizierende und Lehrer eines modernen tantrischen Zugangs zur Sexualität waren. Bei diesem Zugang meidet man typische reproduktiv orientierte Sexualität mit dem männlichen Samenerguss am Höhepunkt des Orgasmus. Stattdessen wird ein langsamer, meditativer, achtsamer Austausch von Intimitäten bevorzugt, der verlängerte orgastische Plateaus enthält. Die Tantra-Anhänger in dieser Gruppe neigten dazu, den Standpunkt der indigenen

Kulturen in Frage zu stellen, dass die Sexualität eine Verminderung der Lebenskraft mit sich bringt und Abstinenz sowohl von Nahrung als auch von sexueller Aktivität vor und während des Gebrauchs von entheogenen pflanzlichen Substanzen notwendig ist. Die Tantriker waren der Ansicht, dass diese Verminderung der Lebenskraft nur bei normalem reproduktiven Sex auftritt – aber nicht mit der höheren Bewusstheit der nicht-ejakulierenden tantrischen Sexualität.

Natürlich kann sexuelles Verhalten, das durch psychedelische Drogen verstärkt wird, bei Massenveranstaltungen wie dem Burning Man und anderen Festivals eine Rolle spielen. Die durch Psychedelika gesteigerten bewusstseinserweiternden Potenziale der Sexualität sind vermutlich von vielen erforscht und auch in Schriften wie *The New Science of Psychedelics* von David Jay Brown beschrieben worden. Das Thema ist irrelevant bei denjenigen Gruppenritualen, die wir hier beschreiben und betrachten, denn es ist allgemein akzeptiert, dass sexuelles Verhalten unter Paaren eine private Angelegenheit bleiben sollte und nicht in Gruppenzeremonien mit Entheogenen gehört.

Das während einer Sitzung auftauchende Thema der sexuellen Anziehung muss bei individuellen Sitzungen, die von Therapeuten geleitet werden, explizit angesprochen werden, so wie man es in jeder therapeutischen Begegnung ansprechen würde und sollte, ob nun mit oder ohne entheogene Verstärkung. Die charakteristische empathische Herzöffnung der typischen MDMA-Erfahrung hat bei unzureichend aufmerksamen Personen zu Fehlern in der Beurteilung von Intimverhalten geführt. Wie dem auch sei, die psychopharmakologische Wirkung von MDMA bei der Stimulation der Ausschüttung von Prolaktin und Oxytocin – beides Hormone, die mit *nicht-sexueller körperlicher Nähe* und emotionaler Intimität assoziiert sind – hat einen wohltuenden Aspekt der Sicherheit in die therapeutische Allianz eingeführt, ebenso wie an den Rave-Partys. Gleichzeitig hat es zum Unterbruch sexuell ausbeuterischer Handlungen und zu erheblichem Verdruss seitens skrupelloser südamerikanischer „Schamanen" geführt, die offenbar außerstande waren, mit ihren weiblichen Anhängerinnen aus dem Westen mit dieser verwünschten neuen Droge sexuell zu funktionieren.

In den drei brasilianischen Ayahuasca-Kirchen sind die Ansichten zu Sexualität und Sinnlichkeit und Sensualität vorhersehbarerweise konservativ. Sie entstanden und existieren ja weiterhin in einer Kultur, die von der katholischen Kirche dominiert wird. Dennoch haben westliche Beobachter-Teilnehmer, mich selbst eingeschlossen, beobachtet, dass es kleinere Unterschiede unter den Kirchen gibt. In den Zeremonien der *UDV* sitzen die Teilnehmer in einem hell erleuchteten Raum auf Stühlen mit geradem Rücken und hören den Predigten der *Maistres* zu. In diesen Predigten gibt es die Tendenz, die Selbstkontrolle von Gefühlen und sexuellem Verhalten zu betonen – was für den westlichen Beobachter, der sich bewusst ist, welch enorme Verstärkung der körperlichen und sensuellen Gefühle und Empfindungen die Pflanzensubstanz auslöst, offenbar eine große Herausforderung ist im Vergleich zur Selbstkontrolle, die normale christliche Kirchen predigen.

Ähnlich herausfordernde Themen tauchen bei den *Santo-Daime*-Kirchen auf, wo zumindest der körperliche Ausdruck von Sinnlichkeit durch die rhythmischen Bewegungen der strukturierten Tänze erlaubt ist. Ich habe durch Übersetzungen davon gehört, dass die Leiter solcher Zeremonien ihre Gefolgsleute ermahnten und von ihnen forderten, ihre Arme gerade zu halten und die Augen auf das Kirchengesangsbuch zu richten, um zu verhindern, dass sie auf die sinnlich fließenden Tanzbewegungen ihrer weiblichen Gegenspielerinnen auf der anderen Seite des Raumes blickten.

Menstruation und der Gebrauch von Entheogenen

Die Menstruation ist ein weiteres Thema, das stark voneinander abweichende Meinungen in einem Bereich hervorrufen kann, in dem sich traditionelle und indigene Sitten mit modernen Empfindlichkeiten überschneiden. Viele (wenn nicht die meisten) modernen Westler neigen dazu, das in indigenen Kulturen nahezu universelle Verbot einer Teilnahme von menstruierenden Frauen an entheogenen Zeremonien oder sogar an jeder Zeremonie mit Männern als ein primitives patriarchales Tabu abzutun. Es besteht die Tendenz, dieses Tabu als ein Relikt eines frauenfeindlichen Aberglaubens zu interpretieren. Allerdings nahm ich einmal an einem Ritualkreis mit Personen beiderlei Geschlechts in Kalifornien teil, bei dem einige radikale Feministinnen darauf bestanden, die traditionellen Erwartungen in Frage zu stellen, indem sie ihre Menstruationsbinden auf den Altar in der Mitte des Kreises legten. Die ausgeprägte, wenn auch unausgesprochene Schockreaktion in der Gruppe schien die traditionelle Praxis getrennter Riten für Frauen während der Menstruation zu unterstützen.

Ich habe festgestellt, dass der durchschnittliche moderne Westler, der sich für indigene Praktiken mit entheogenen Pflanzen interessiert, die Tendenz hat, automatisch diejenigen Ideen zu verwerfen, die als kulturspezifisch gelten. Aber was die traditionellerweise zum Konsum von Ayahuasca gehörende beschränkte Diät betrifft, würde ich eher annehmen, dass es hinter solch scheinbar irrationalen Tabus möglicherweise einen berechtigten Grund gibt, der auf gesammelter Erfahrung beruht – und dann weitere Beobachtungen sammeln, die in Bezug auf die Frage wichtig sind.

Einige Beobachtungen, die ich gemacht habe, lassen mich die automatische Annahme in Frage stellen, dass das Menstruationstabu in Bezug auf die Einnahme von Entheogenen ignoriert werden kann. In einer Gruppensitzung geriet eine der Frauen, die nur mäßig erfahren war, nach der Einnahme einer moderaten Dosis Pilze in einen extrem „weggetretenen" Zustand, in dem sie nur eine lose Verbindung mit dem Hier und Jetzt der Gruppe der Mitreisenden empfand. Anders gesagt, schien die Empfindsamkeit und Reaktivität ihres Nervensystems während der Menstruation enorm verstärkt zu sein.

Meine Kollegen und ich stimmten darin überein, dass es in Zukunft weise wäre, diesen Faktor, der möglicherweise Komplikationen mit sich bringen könnte, zu erwähnen und den Frauen, die „in ihrem Mond" sind, sofern sie überhaupt Psychedelika einnehmen, eine geringere Dosis der Medizin zu empfehlen, als sie normalerweise einnehmen würden.

Überidealisierung und Größenwahn

Dies ist ein Thema, das in einem selbst schwierig zu identifizieren ist – auch dann, wenn es bei anderen auftritt, mit denen man verbunden ist oder interagiert. Hier ist ein typisches Szenario, das wir selbst erlebten und oft auch in Millbrook beobachteten, wie Ram Dass und ich es in *Birth of a Psychedelic Culture* beschrieben:

Jemand nimmt LSD oder eine andere psychedelische Substanz und hat die profundeste religiöse/spirituelle/kosmische Erfahrung seines Lebens, voll tiefer Einsicht in die Mysterien der Existenz – und ist überzeugt, dass es seine persönliche Mission ist, den Massen und der Welt diese profunde Erkenntnis zu überbringen.

Tim Leary berichtet in einem seiner autobiographischen Bücher, wie Allen Ginsberg irgendwann in den frühen Sechzigerjahren – high von Psilocybin als Teil des Harvard-Forschungsprojekts, ohne Brille und ohne Kleidung – beschloss, dass er das Geheimnis des Weltfriedens gefunden hätte, und darauf beharrte, sowohl J.F. Kennedy als auch Nikita Chruschtschow anzurufen, um ihnen von seiner Entdeckung zu erzählen. Leary schreibt, wie es ihnen gelang, Allen davon zu überzeugen, zumindest ein paar Stunden damit zu warten, bis sein normaler Bewusstseinszustand zurückgekehrt sein würde – was einige Stunden, gelegentlich aber auch Tage in Anspruch nehmen konnte.

Weil wir in einer psychologisch-spirituellen Forschungsgemeinschaft in Millbrook lebten und ein sicheres *Setting* zur Verfügung stellen konnten, in dem autonome psychedelische Erforscher ihre Reisen unternehmen konnten, sahen wir nur allzu oft, wie jemand mit wildem Blick von einer psychedelischen Reise in die Gemeinschaft zurückkehrte und sagte: „Ich habe das tiefste Geheimnis des Universums gefunden und muss es mitteilen, und die Leute werden mich wegen seiner tiefgründigen Bedeutung anerkennen." Dann verdrehten wir reumütig die Augen und baten jemanden, auf den „im Weltraum verlorenen" Forschungsreisenden zu achten und sicherzustellen, dass er oder sie körperlich unversehrt blieben. Wir pflegten sie zu ermutigen, alle ihre Erfahrungen und Einsichten aufzuschreiben oder aufzunehmen, so dass sie für spätere Auswertung schriftlich oder als Aufnahme gesichert waren.

Wenn ein solcher überidealisierender Größenwahn bei einer Person vorkam, die nicht über eine unterstützende Familie oder Gemeinschaft verfügte, war es überaus klar, dass eine erfolgreiche Integration schwierig oder gar unmöglich sein würde. Die chaotischen, lebens- und gesundheitsbedrohenden Erfahrungen, die sich in der psychedelischen Untergrundkultur mit Psychedelika manchmal ereignet haben und gelegentlich immer noch vorkommen, sind zum großen Teil auf mangelnde Vorbereitung der Absicht (*Set*) und des Rahmens (*Setting*) zurückzuführen sowie auf die nicht ausreichend sorgfältig beachtete Reinheit und Dosierung der verschiedenen Substanzen.

Subtilere Formen der Überidealisierung können sich bei Erforschern der inneren Räume auch in der Form zeigen, dass sie Freunden, Verwandten und anderen in enthusiastischer Weise von ihnen geleitete psychedelische Trips anbieten, die auf ihren eigenen authentisch mystischen oder transformierenden Erfahrungen basieren – obgleich sie über unzureichende Kenntnisse und Erfahrungen verfügen, um durch schwierigere Untiefen und enge Stellen zu navigieren, die auf solchen inneren Reisen unerwartet auftreten können. Dies ist natürlich der Grund, warum MAPS und die Heffter-Organisationen sowie andere Forscher im neu aufkommenden Bereich der entheogenen Psychotherapie und Heilung Praxisprotokolle entwickeln. Es ist außerdem einer der Hauptgründe, warum ich mich dazu entschloss, dieses Buch zu schreiben – weil ich den Erforschern innerer Räume, den Heilern und spirituell Suchenden helfen möchte, die Lebenswahrheiten und die heilende Weisheit zu finden, nach denen ihre Seele strebt.

4
Abschlusszeremonie
und Integration

Wenn wir schlafen, leben wir jeder in unserer eigenen Welt.
Wenn wir wach sind, leben wir alle in der einen großen Welt.

Heraklit

In unserem gewöhnlichen Bewusstsein
lebt jeder in der persönlichen Wirklichkeit seiner eigenen Weltsicht.
Wenn wir zum höheren Bewusstsein erwachen,
nehmen wir unseren Platz im allumfassenden Kosmos wahr.

Übertragung von RM

Es ist höchst unterschiedlich, wie viel Zeit und Sorgfalt für die Integrationspraxis im Anschluss an die Sitzung aufgewendet werden. Die meisten Gruppen, mit denen ich in den letzten vierzig Jahren in Verbindung stand und deren Arbeit ich beobachtet habe, haben es sich zur Gewohnheit gemacht, für die Vorbereitung, für die Sitzung selbst und die anschließende Integration in etwa die gleiche Zeitspanne und Aufmerksamkeit aufzuwenden. Ein typisches Beispiel dafür wäre eine Gruppe von Freunden, die sich für ein Wochenende treffen, zunächst einige Stunden gemeinsam im Austausch miteinander verbringen und sich vorbereiten und ihre Absichten austauschen; anschließend sitzen (oder liegen) sie eher formell für mehrere Stunden zusammen; und nach dem Nachtschlaf treffen sie sich am Morgen nach dem Frühstück wieder, um Beschreibungen und Überlegungen zur inneren Reise und die Anwendung des Erlebten in ihrem Leben miteinander auszutauschen. Obwohl Leary, Alpert und ich selbst in unserem „psychedelischen Handbuch", das auf dem Tibetischen Totenbuch basiert, die Notwendigkeit und den Wert der Vorbereitung sowie der Integration im Anschluss an eine Sitzung betonen, kann ich nicht behaupten, dass unsere Praxis immer unserem Ideal entsprochen hätte – und oft blieb die Integration im Anschluss an eine Sitzung der einzelnen Person selbst überlassen.

Fassen wir die integrativen Praktiken der verschiedenen Arten von Sitzungen, die in Teil I beschrieben worden sind, noch einmal zusammen:

1. Psychedelische Psychotherapie-Sitzungen in einer medizinischen Klinik erfordern normalerweise mehrere, vorab durchgeführte Psychotherapie-Sitzungen ohne Drogen und eine sorgfältige Nachbeobachtung im Anschluss an die Sitzung. Falls die Sitzungen Teil eines Forschungsprojekts sind, müssen die Probanden eventuell vor und nach der Sitzung Persönlichkeitstests sowie weitere Tests und bewertende Interviews ausfüllen, in verschiedenen Zeitabständen, beispielsweise nach einem Monat, nach drei und nach sechs Monaten. Solche davor und danach durchgeführten Persönlichkeitstests mit Fragebögen und Interviews wurden ebenfalls bei den Gefangenenrehabilitations-Projekten mit Psilocybin in Harvard in den frühen Sechzigerjahren eingesetzt. Die Behandlungsprogramme für die Drogenabhängigkeit von Narkotika, die Ibogain benutzen, verwenden unterstützende Therapien im Anschluss an eine Sitzung und Beurteilungen in unterschiedlichem Ausmaß.

2. Die Sitzungen bei nicht-psychiatrischen Gruppentreffen unterscheiden sich stark in Bezug auf den Aufwand für die Vorbereitung und die Integration nach der Sitzung. Generell geht man in diesen Gruppen davon aus, dass die Teilnehmer keine Psychiatriepatienten in therapeutischer Behandlung sind, sondern Individuen, die selbst entscheiden und volle Eigenverantwortung für ihre inneren Prozesse und ihre Sicherheit innerhalb der schützenden Gemeinschaft gleichgesinnter Personen übernehmen. In den Forschungsgruppen, welche die Shulgins leiteten und die sie in ihren Büchern *TIHKAL* und *PIHKAL* beschreiben, gibt es im Anschluss an die Sitzung eine Standard-Nachuntersuchung, die das Sammeln von Informationen von den Teilnehmern im Kontext gegenseitigen Austauschs und Zusammenseins mit einschließt.

3. In traditionellen NAC-Peyote-Zeremonien wird für die Integration nach einer Sitzung weit weniger Zeit eingeräumt als für die Vorbereitung, soweit man es den Beschreibungen entnehmen kann. Empfangene Geschichten oder Visionen werden nicht erzählt; sie werden als private Angelegenheit betrachtet, die man möglicherweise nur innerhalb der Familie bespricht. Nach einer traditionellen, die ganze Nacht dauernden Zeremonie in einem Tipi treffen sich die

Teilnehmer vielleicht morgens, um gemeinsam Kaffee zu trinken und etwas zu essen, zu sprechen und sich zu unterhalten, rauchen eventuell eine Zigarette (keinen zeremoniellen Rauch) und kehren dann zu ihren Familien und in ihr Leben zurück.

Ähnliche Praktiken im Anschluss an eine Sitzung gelten für die traditionellen Pilzsitzungen der Mazateken und für die Ayahuasca-Zeremonien der Mestizen im Amazonasgebiet. Der Schamane oder die Medizinperson ist ein anerkannter professioneller Heiler, der herkommt und die Heilungszeremonien mit seinen Gesängen und Medizinen durchführt; danach kehrt er oder sie nach Hause zurück und ist nicht weiter involviert. Jedoch ist der Heiler-Schamane den Teilnehmern dieser kleineren indigenen Gemeinschaften normalerweise bekannt oder ist sogar ein Familienmitglied – so dass die integrative heilende Nachbeobachtung innerhalb der Familie oder der Gemeinschaft stattfinden kann. Für außenstehende Besucher aus anderen Kulturen stellt sich die Situation ganz anders dar; sie müssen die Verantwortung für ihren eigenen integrativen Prozess selbst übernehmen.

Dies ist ein Dauerthema bei den vielen Ayahuasca-Zeremonien, die nun für Westler durchgeführt werden, sei es von traditionellen Heilern oder von Westlern mit unterschiedlichem Grad an Kenntnis und Erfahrung in der Durchführung solcher Zeremonien. Darüber hinaus haben Teilnehmer aus Nordamerika und Europa im Allgemeinen keine Gemeinschaft oder Familie und Freunde, die mit Heilungsreisen bei indigenen Heilern vertraut sind und sie unterstützen könnten. Im Gegenteil, die Familien und Mediziner, die mit den heutigen entheogen Forschenden in Verbindung stehen, sind eher alarmiert und stehen Westlern, die Heilung oder Visionen durch Ayahuasca suchen, eher besorgt oder sogar feindselig gegenüber. Bei Westlern dürfte es außerdem nur wenig oder kein Verständnis für die möglichen Gefahren durch psychische Angriffe von indigenen Heilern gegen andere Heiler geben, bei denen die Psyche und manchmal sogar das Leben unschuldiger westlicher Teilnehmer durch einen unbeabsichtigten „Kollateralschaden" gefährdet werden kann. Ich selbst hatte eine solche Erfahrung, in der ich zum Opfer einer bösartigen Hexerei wurde – und schließlich aus dem ecuadorianischen Dschungel evakuiert und mit Dengue-Fieber ins Krankenhaus gebracht werden musste. Ich habe diese Geschichte in einem Artikel in der Zeitschrift *Shamans's Drum* veröffentlicht.

4. In Brasilien existieren drei staatlich anerkannte Religionen, die das Einnehmen von Ayahuasca in ihre Zeremonien integrieren – die *União do Vegetal*, die
Santo Daime und die *Barquinia*. Diese religiösen Bewegungen veranschaulichen ein deutlich anderes Paradigma für den Gebrauch der pflanzlichen Substanzen, als wir beschrieben haben: nicht schamanisch, nicht heilend und nicht
um psychologische Einsicht oder Verständnis bemüht. In der westlichen Welt
kommen vielleicht die amerikanischen Gospelmusik-Zeremonien mit ihrem
Händeklatschen und dem rhythmischen Singen diesen Ayahuasca-Kirchen
am nächsten. Bei diesen kirchlichen Zeremonien gibt es kein Interesse an
Beschreibungen innerer Erfahrungen oder Begegnungen mit Geistern. Wenn
sich Visionen einstellen, werden sie nicht mitgeteilt oder besprochen. Ich erinnere mich an eine UDV-Zeremonie in Brasilien, bei der ich einen der Teilnehmer anschließend nach seiner Erfahrung fragte. Er verstand meine Frage
nicht – für ihn war es ebenso unangemessen, als hätte man jemanden, der
aus einem Sonntagsgottesdienst in der Kirche kommt, nach seinen „Erfahrungen" gefragt. Bei der Teilnahme an der Zeremonie geht es um Gemeinschaft,
Hingabe, Glaube, Singen und Gebet – nicht um psychologische Einsicht oder
andersweltliche Visionen.

Beenden des Kreises und Danksagung

In zeitgenössischen neo-schamanistischen Medizinkreisen gibt es viele Variationen in Bezug auf den Grad der Aufmerksamkeit, welche man dem Abschluss und
der Integration nach einer Sitzung widmet, auch wenn ein erhöhtes Bewusstsein
für die Bedeutung der Vorbereitung und Absicht vorhanden ist. Die Abschlusszeremonie sollte idealerweise die Rückkehr in die gewöhnliche Raum-Zeit-Welt
kennzeichnen, indem sie den eröffnenden Eintritt in die zeremonielle Raum-Zeit-
Welt spiegelt. Meine eigene Wertschätzung für die Bedeutung des integrativen
Mitteilens nach der Reise hat zugenommen, seit ich an einigen der Visionssu-
che-Workshops der von Steven Foster und Meredith Little gegründeten *School of
Lost Borders* teilgenommen habe. Bei diesen Workshops war der Stimulus für die
erhöhten Bewusstseinszustände nicht die Einnahme einer psychoaktiven Substanz, sondern vielmehr Fasten nur mit Wasser und Alleinsein in der Wildnis
während vier Tagen und Nächten. Zuvor gab es vier vorbereitende Trainingstage
und anschließend etwa vier Tage integrativen Mitteilens. In der Integrationsphase

werden alle Teilnehmer nacheinander eingeladen, die Geschichte der inneren Reise zu erzählen, die sie erlebt hatten, als sie allein waren, und die geschickten Fragen des Leiters konnten ihnen dabei helfen, ihre Erkenntnisse in ihr familiäres und berufliches Alltagsleben zu integrieren.

Aus diesen Erfahrungen lernte ich, dass ein formelles Ende und eine integrative Runde notwendig ist, in welcher der Familie und der Gemeinschaft die Geschichten erzählt werden, unabhängig davon, ob die initiatorische Reise in eine äußerliche Wildnis oder in die verborgenen Welten der unbekannten Psyche geführt hat. Wenn die Selbsterfahrung nicht mit einem bewussten Integrationsprozess beendet wird, ist sie bestenfalls ein isolierter „Trip" oder sie führt schlimmstenfalls in noch tiefere Zustände der Verwirrung und Entfremdung.

Die Konsequenzen eines Mangels an Aufmerksamkeit für die Abschlusszeremonie wurden mir klar vor Augen geführt, als ich vor ein paar Jahren an einigen Ayahuasca Zeremonien in Brasilien teilnahm, die von westlich ausgebildeten Anthropologen und Psychologen organisiert worden waren. Sie hatten indigene Zeremonien studiert und an ihnen teilgenommen, waren aber weder in einen traditionellen Heilungspfad initiiert worden noch waren sie in psychotherapeutischen Verfahren ausgebildet. In diesen Sitzungen gab es zu Beginn eine Absichtserklärung der Teilnehmer und eine Anrufung der Geistführer – aber es gab keine formelle Abschlusszeremonie. Drei bis vier Stunden nach der Anfangsdosis entschieden sich einige Teilnehmer dafür, eine zusätzliche Dosis der Medizin einzunehmen, und konnten selbst wählen, ob sie im Kreis blieben, um Musik zu hören, oder in ihr Schlafzimmer gingen, um allein zu sein; manche gingen in einen anderen Teil des Hauses, um zu essen und mit anderen beisammen zu sein. Ich schlug den Gruppenleitern vor, dass es besser wäre, irgendeine Art schlichter Abschlusszeremonie zu haben, so dass der Beginn und das Ende der Zeremonie gekennzeichnet wären. Danach sollten und könnten die Teilnehmer sich verteilen und zwanglos zusammen sein oder einige könnten ihre innere Reise weiterhin fortsetzen, vorzugsweise in einem etwas abgetrennten, ruhigen Bereich.

Das obige Beispiel verdeutlicht die Wichtigkeit einer vorab getroffenen Vereinbarung über eine zusätzliche Einnahme der Medizin. Ich habe wiederholt erlebt, wie schwierig es ist, eine sinnvolle Abschlusszeremonie durchzuführen, wenn einige Teilnehmer weiterhin mit tiefen inneren Zuständen beschäftigt sind, während die meisten bereits in die alltägliche Wirklichkeit zurückkehren. Dies ist ebenfalls eines der Kriterien, die eine Nutzung der psychoaktiven Substanzen für primäre Freizeitzwecke von der Nutzung in selbst gewählten Gruppen aus Erforschern innerer Welten unterscheidet, die den Bedingungen für Abreise und Ankunft zustimmen und aus den Erfahrungen anderer ebenso wie aus den eigenen lernen wollen.

Sich explizit sowohl bei den menschlichen Wesen als auch bei den Geistern, die uns geführt und uns auf unserer Reise begleitet haben, zu verabschieden und zu bedanken, ist ebenso natürlich und offensichtlich, wie sich bei der Familie und den Freunden zu bedanken und zu verabschieden, wenn wir an einer Reise oder einem Treffen teilgenommen haben. Das Ausdrücken von Dankbarkeit bestätigt die Kontinuität der Beziehung und drückt den guten Willen und die positiven Erwartungen für zukünftige gemeinsame Erforschungen und heilende Arbeit aus. In den schamanischen Traditionen weiß man sehr wohl, wie wichtig es ist, am Anfang eines Projektes oder einer Reise seine besonderen Krafttiere und Geistführer anzurufen und am Schluss seine Dankbarkeit und Wertschätzung zu bekunden.

Für die Danksagung ist kein besonderes Verfahren nötig, und sie muss nicht einmal laut ausgesprochen werden. Ich habe beobachtet, wie traditionelle Schamanen manchmal ihre Anerkennung und Dankbarkeit gegenüber ihren Geistern lediglich vor sich hin murmelten, während sie ruhig etwas Tabak oder Salbei an einem besonderen Ort verstreuten, an dem wir uns versammelt hatten. Die Danksagung am Ende einer Zeremonie widerspiegelt die Anrufung der Geistführer zu Beginn. Wir bestätigen den Wert der Beziehungen, die wir mit allen Wesen haben, mit denen wir verbunden sind, den menschlichen, den irdisch-planetarischen sowie den spirituell-kosmischen.

Ebenso wie wir die Zeremonie mit der Anrufung der großen kosmisch-planetarischen Geister der vier Richtungen, der Zeit und des Ortes beginnen, ist es angemessen, ein Dankgebet anzubieten, um unsere Beziehung mit diesen planetarischen Geistwesen dankbar zu bekräftigen. In der letzten Runde der Danksagung, wie sie in den Zeremonien einiger Gruppen üblich ist, dankt man insbesondere auch den Gefährten der Gruppe, die einen auf der Reise in tiefe innere Räume der Heilung und der Visionen begleitet haben. Dies bekräftigt die spirituelle Verbindung, die jeder Reisende mit seinen Forschergefährten hat und die vielleicht auch eine persönliche Freundschaft sein kann, abhängig davon, wie der Kreis zustande gekommen ist.

Die bewusste Aufmerksamkeit, die man dem Abschluss eines Kreisrituals widmet, ist ebenso wichtig wie Aufmerksamkeit am Anfang. Es gilt den Übergang zwischen dem alltäglichen und dem rituellen Zeit-Raum klar und absichtsvoll zu kennzeichnen. Die Gruppen, an denen ich als Teilnehmer-Beobachter beteiligt war, haben mit verschiedenen Arten von Abschlusszeremonien experimentiert, auch mit dem oben beschriebenen Ritual zur Danksagung.

Ein Aspekt der Praxis, den man mit Sorgfalt und Aufmerksamkeit erwägen sollte, ist die Frage, wie ausführlich die verbalen Beschreibungen oder die Erzählungen sein sollten, während man im Kreis sitzt und bevor man zum Essen und zum geselligen Beisammensein übergeht. Wegen des variablen, hinausgezögerten Endes, das für entheogene Erfahrungen typisch ist, befinden sich manche Personen eventuell weiterhin in tiefen inneren Zuständen und sind primär in dem nonverbalen Bewusstseins der rechten Hirnhälfte fokussiert, während andere schon bereit sind, zum geselligen Abendessen überzugehen. In manche Gruppen, die ich beobachtet habe, werden die Teilnehmer aufgefordert, lediglich ein einziges Bild, eine Einsicht oder Erkenntnis von der Reise zu schildern, die ihnen wichtig war und die sie in Erinnerung behalten und weiterhin betrachten möchten. Allerdings kann sogar diese Aufgabe sich als ziemlich anstrengend und schwierig herausstellen, weil die Personen manchmal darum ringen müssen, ihre nonverbalen Bilder und Einsichten zu „übersetzen" und in Worte zu fassen, während sie immer noch in Kontakt mit den tiefen, gefühlsgeladenen Erfahrungen der Reise sind. Es ist wirklich nichts damit gewonnen, wenn man versucht, diese Art Übersetzung vorzeitig zu erzwingen. Wahrscheinlich ist es am ergiebigsten, wenn die Erfahrungen über Nacht durch Traumprozesse allmählich assimiliert und integriert werden und man sich dann am Tag darauf, im klaren Licht der alltäglichen Vernunft, daran erinnert und davon erzählt.

Die Integration und das Erzählen der Geschichten

Die eigene Erfahrung anschließend aufzuzeichnen und zu kommunizieren, ob in schriftlicher oder bildhafter Form oder als Audioaufnahme, ist ebenso wichtig wie die zuvor durchgeführte intentionale Vorbereitung. Unsere Erfahrungen und Träume werden nur dann wirklich ein Teil unseres ständigen Wachstums und Lernens, wenn sie aufgezeichnet oder in irgendeiner Form erzählt werden. Bewusstseinserweiternde Drogenerfahrungen, an deren Inhalte wir uns nicht erinnern, obwohl sie erholsam und angenehm sein können und deshalb geschätzt werden, leisten kaum einen Beitrag zu unserem Wachstum oder zur Selbsterkenntnis.

Frühere Erforscher der äußeren Welt, die neue Länder und Kontinente entdeckt haben, wie Christoph Kolumbus, Marco Polo oder Alexander von Humboldt, haben ihren Beitrag zur modernen Gesellschaft durch die Beschreibung und Aufzeichnung ihrer Entdeckungen geleistet. Dies mag tatsächlich eines der Kriterien sein, welche die Visionen der Entdeckung und Kreativität von den rein subjektiven Halluzinationen des Wahnsinns unterscheidet. Werden die Visionen und Erfahrungen kommuniziert, ob in wissenschaftlichen oder künstlerischen Bildern und Symbolen, oder sind sie in einem privaten Raum des Geistes verschlossen, ohne Hinweise, die andere dazu führen könnten, die Beobachtungen der Pioniere zu wiederholen und auszuweiten?

Was psychedelische Substanzen angeht, so haben die historischen Erfahrungsberichte von Forscher-Pionieren der inneren Räume – wie William James, Albert Hofmann, R. Gordon Wasson, Aldous Huxley, Stanislav Grof, Humphrey Osmond, Timothy Leary, Terence McKenna und vielen anderen – Leitlinien und Landkarten für andere zur Verfügung gestellt, die erweiterte Perspektive des Verständnisses und Heilungsmöglichkeiten erforschen möchten, die durch diese ungewöhnlichen Substanzen eröffnet werden. Mein Beitrag zu diesem gemeinsamen wissenschaftlichen Unternehmen besteht aus mehreren Büchern, in denen ich Berichte von Erfahrungen mit visionären Pflanzen, Substanzen und Pilzen gesammelt, bearbeitet, kommentiert und veröffentlicht habe. Diese Bücher enthalten sowohl subjektive Erfahrungsberichte als auch Zusammenfassungen dessen, was über diese Substanzen in der Wissenschaft – Botanik, Mykologie, Chemie, Pharmakologie – bekannt ist.

Man kann die Aufzeichnung von Erfahrungen vom Mitteilen an andere unterscheiden, obwohl sie oft miteinander verbunden sind. Es gibt einen zweistufigem Prozess, ähnlich wie bei Träumen. Der erste Schritt besteht im Aufschreiben oder Aufzeichnen der eigenen Beobachtungen: Was habe ich tatsächlich gesehen oder gefühlt oder erlebt? Genau wie bei Träumen ist es eine nützliche, wenn auch nicht immer einfache Aufgabe, klar zu unterscheiden zwischen dem, was man gesehen, gefühlt und gedacht hat und den Interpretationen und Assoziationen zur psychologischen oder philosophischen Bedeutung der Erfahrung. Es ist eine äußerst wertvolle und wichtige Praxis, fortlaufende schriftliche Aufzeichnungen von Träumen und Beobachtungen aus allen Stadien des Bewusstseins zu machen.

Ein weiterer Aspekt der Integration ist das Mitteilen der Visionen, das Erzählen oder Aufschreiben der Geschichten für ein zuhörendes oder lesendes Publikum. Bei Gruppenzeremonien wird man ermutigt, etwas von der eigenen Erfahrung mitzuteilen – was man gesehen und gefühlt hat, und was man darüber denkt und daraus gelernt hat. Dabei findet notwendigerweise ein selektiver Prozess statt, vielleicht sogar eine kreative und imaginative Weiterentwicklung. Wir befinden uns hier in den schamanischen Grenzgebieten zwischen schmerzhaften Erinnerungen und inspirierenden Visionen.

In solchen Gruppenreisen zusammen mit anderen Forschenden ist es ein Ausdruck des Respekts und der Gegenseitigkeit, dass niemand dazu gedrängt wird, von etwas zu erzählen, wenn er sich dabei nicht wohl fühlt. (Bei psychedelischen Sitzungen, die Teil eines individuellen Psychotherapie-Prozesses sind, gibt es Vereinbarungen bezüglich der Weitergabe und Vertraulichkeit, die explizit getroffen und respektiert werden.) Dennoch war es für die meisten Personen in den Gruppen, an denen ich in den letzten vierzig Jahren beteiligt war, eine nahezu universelle Erfahrung, dass die Teilnehmer enorm viel lernen, wenn sie die Berichte anderer von einer gemeinsamen entheogenen Reise hören.

Die Gruppen, in denen ich als Teilnehmer/Beobachter dabei war, haben außerdem meist die folgende Praxis aus Ratskreisen übernommen, die selbst auf den Praktiken der amerikanischen Ureinwohner basieren. Wenn die Personen von ihren Reisen und Erkenntnissen berichten, hören die anderen mit voller Aufmerksamkeit zu, geben jedoch weder Kommentare ab noch stellen sie Fragen. Dies zu tun, könnte den Prozess leicht in sinnlose theoretische Spitzfindigkeiten, Vergleiche oder Meinungsverschiedenheiten entgleisen lassen. Dabei ist der vom Leiter angeschlagene Ton in solchen Situationen entscheidend dafür, ob und wie dieser Prozess klappt.

An einem gewissen Punkt des jahrelangen Prozesses, in dem ich praktische Grundregeln für diese Integrationsrunden ausarbeitete, bemerkte ich, dass einige Personen Aufzeichnungen oder sogar Aufnahmen auf ihren Laptops machten, während ein anderer von seiner Erfahrung berichtete. Dabei wurde mir klar, dass hier zwei Themen eine Rolle spielen: Einerseits war die Vereinbarung der Vertraulichkeit gefährdet – man möchte nicht einmal die Möglichkeit in Betracht ziehen, dass jemand anderes Aspekte der persönlichen Erfahrung aufschreibt, die man erlebt hat. Der zweite Punkt war, dass man dem Sprecher oder Erzähler nicht wirklich mit voller Aufmerksamkeit zuhört, wenn man gleichzeitig seine eigenen Aufzeichnungen macht. Das Unbehagen, das aus diesen Konflikten resultiert, kann man dadurch vermeiden, dass alle sich darauf einigen, keinerlei Aufzeichnungen zu machen, während jemand anderes von seiner Erfahrung berichtet. Stattdessen schenkt jeder dem Sprecher seine volle Aufmerksamkeit.

Sowohl der englische Begriff *pay attention* als auch das deutsche Äquivalent *die Aufmerksamkeit schenken*, machen deutlich, dass aufmerksames Zuhören nicht nur passives Empfangen ist, sondern ein aktives Geschenk oder eine Bezahlung. Achtsames Zuhören, ohne Fragen zu stellen, jedoch mit Mitgefühl, wirkt wie eine Art Magnet, der den verbalen Ausdruck der Geschichte aus dem Innern des jeweiligen Sprechers herauszieht.

Bei den Sitzungen der *Holotropen Atemarbeit* nach Grof und anderen tiefen psychotherapeutischen Prozessen kann der integrative Prozess auch durch das Gestalten einer Zeichnung oder Malerei am Ende der Erfahrung geschehen. C.G. Jung und seine Nachfolger entwickelten auch den Gebrauch des Malens von *Mandalas*, ebenso wie des Zeichnens von Bäumen, um die integrativen Prozesse auszudrücken, die aus Träumen oder holotropen Erfahrungen stammen. Diese Praxis kann selbstverständlich auch auf die Erfahrungen mit psychedelischen Substanzen ausgedehnt werden. Es scheint plausibel, dass das Zeichnen und Malen die rechte Hirnhälfte mit ihren imaginativen Funktionen beschäftigt, während bei verbalen Mitteilungen, ob nun gesprochen oder geschrieben, die linke Hirnhälfte mit den

Sprachzentren des Gehirns beteiligt ist. Die beiden Ausdrucksformen vermitteln zwei recht unterschiedliche, einander jedoch ergänzende Dimensionen unseres Seins und unserer Erfahrung.

Manche Leute sagen, dass Bewegungen und Tanz über zusätzliche nonverbale und nicht-bildhafte Bedeutungen verfügen, damit man Erfahrungen kommunizieren und ausdrücken kann – indem man sie hervorbringt, um die innere Erfahrung für andere sichtbar zu machen. Obgleich dies sicher wahr ist, ist eine Kommunikation über Bewegung oder Tanz jedoch vergänglich und hinterlässt keine Aufzeichnungen, sofern sie nicht gefilmt wurde. Das Gleiche gilt für musikalische Darbietungen, ob instrumental oder vokal, es sei denn, sie werden aufgenommen. Es ist daher sinnvoll, das Mitteilen der eigenen Erfahrung an andere zu unterscheiden von der Funktion, diese für den eigenen fortlaufenden Lernprozess zu kommunizieren. Beide Funktionen sind wichtig und verdienen unsere Aufmerksamkeit und unsere intentionale Praxis.

Abschiedsfeier

Am Ende unserer Heilungs- und Visionszeremonie, der schamanischen Reise, des alchemistischen Prozesses und der yogisch-meditativen Praxis ist es sicherlich angemessen und empfehlenswert, dass wir zum Feiern übergehen – mit Speis und Trank, möglicherweise mit Tanz und Musik sowie mit Humor und entspannten Gesprächen. Sogar die alten Alchemisten haben in ihren Traktaten geschrieben, dass der Praktizierende oder Student der „Kunst" sicher sein sollte, den Geist ab und zu von der Konzentrationspraxis zu entspannen. Das Fasten vor der Arbeit wird durch das Feiern danach ausgeglichen. Es ist einer der zentralen Punkte der Lehren des *Mittleren Wegs* aus Gautama Buddhas Lebensgeschichte, dass er nach monatelanger Enthaltsamkeit gemeinsam mit weiteren Asketen schließlich etwas Milch zum Trinken akzeptierte, die eine Kuhhirtin ihm reichte, und damit den extremistischen Pfad des Selbstverzichts und der Verneinung verließ.

Die Rolle der Entheogene in der fortlaufenden Praxis

Im einführenden Kapitel habe ich die Anwendungsmöglichkeiten entheogener Substanzen – zur Heilung, Erforschung des Bewusstseins, Kreativitätssteigerung und spirituellen Praxis erörtert. Ich habe mich dafür entschieden, in diesem Buch den Gebrauch psychedelischer Drogen für primäre Zwecke des Freizeitvergnügens – wie bei *Raves* oder *Trips* – nicht zu diskutieren, auch wenn dieser Gebrauch mehr oder weniger Teil der Motivation von Personen sein mag, die diese Substanzen einnehmen. Der Freizeitgebrauch einer Substanz verlangt fast schon definitionsgemäß nicht wirklich ein Handbuch – obgleich präzise Informationen rund um die Sicherheit gewisser Substanzen immer zu empfehlen sind.

Wie häufig Entheogene angewendet und ob sie ins Alltagsleben integriert werden oder nicht, das unterscheidet sich innerhalb der verschiedenen Anwendungsmodelle, die wir diskutiert haben, enorm. Für Personen, die an offiziell genehmigten medizinischen Forschungsprojekten teilnehmen, ist das Thema der wiederholten Sitzungen irrelevant, sofern letztere nicht Teil des Forschungsprojekts darstellen. Tatsächlich haben therapeutisch arbeitende Forscher manchmal die Tatsache scharf kommentiert, dass sie bedauerlicherweise nicht in der Lage waren, Personen, die an einer ihrer erfolgreichen Forschungssitzungen zur MDMA-Behandlung von Traumata teilgenommen hatten, zusätzliche Sitzungen anzubieten, obwohl Sicherheit und Wirksamkeit reichlich bewiesen worden waren. Dieses Dilemma der praktizierenden Therapeuten ist schlicht und einfach eine Folge der bestehenden Restriktionen, welche aus politischen Gründen für Ärzte gelten, die diese medizinisch erprobten, offiziell jedoch nicht anerkannten Medikamente anwenden wollen.

In der *Native American Church* und den brasilianischen Kirchen, die Peyote, respektive Ayahuasca anwenden und die ihre jeweiligen Sakramente in den Zeremonien legal einsetzen dürfen, wird die Häufigkeit des Gebrauchs von der Organisation und/oder ihrem zeremoniellen Kalender bestimmt. Bei der *NAC* und verwandten Peyote-Gruppen gibt es normalerweise eine Anfrage an einen Ältesten, als Reaktion auf ein individuelles Bedürfnis oder das einer Familie eine Zeremonie durchzuführen. Die in Brasilien heimischen *Santo-Daime*-Kirchen haben ihre regelmäßigen wöchentlichen oder monatlichen Gottesdienste und führen außerdem spezielle Zeremonien auf Anfrage durch. Traditionelle mexikanische Pilz- oder südamerikanische Ayahuasca-Zeremonien werden normalerweise auch als Antwort auf eine Bitte um Heilung von einem Mitglied ihrer Gemeinde durchgeführt – oder, unter den gegenwärtigen Bedingungen, auf Anfrage von Touristengruppen, die eine exotische Erfahrung machen wollen.

In den von mir als hybride schamanisch entheogen bezeichneten Zeremonien, ob nun mit Leiter oder selbstgeleitet, gibt es große Unterschiede in der Häufigkeit, mit der solche Zeremonien organisiert werden. Manchmal vereinbart eine kleine Gruppe von Freunden oder Kollegen, sich regelmäßig für eine Zeremonie zu treffen, vielleicht einmal im Jahr, oder viermal pro Jahr während der vier Jahreszeiten, oder einmal pro Monat oder vielleicht bei Vollmond bei heidnisch orientierten Gruppen. Bei manchen traditionellen Gesellschaften und einigen modernen Gruppen benutzte man bewusstseinsverändernde Substanzen, um zum Beispiel den Übergang zur Adoleszenz zu markieren, den Übergang von einer Identifikation als Kind hin zur Identifikation mit der Gemeinschaft der Männer oder Frauen. Manchmal sind solche Übergangsriten auch mit einer Visionssuche verbunden, mit sensorischer Isolation oder Zeiten des Alleinseins in der Wildnis.

Die Häufigkeit der Einnahme von Entheogenen variiert bei Individuen aus zeitgenössischen westlichen Kulturen enorm. Ich habe Personen gekannt, die sich nur ein einziges Mal für die Teilnahme an einer Zeremonie entschieden – um vielleicht eine kreative Blockade zu durchbrechen oder das Ende einer Beziehung zu verarbeiten oder um eine wichtige Veränderung im Arbeitsleben anzuzeigen – und die danach weder ein Bedürfnis noch das Interesse für weitere Sitzungen verspürten. Mein alter Freund und Kollege Ram Dass hat gesagt, dass er sich vielleicht einmal pro Jahr dafür entscheidet, an einer entheogenen Sitzung teilzunehmen – einfach um sich mit seinem höheren Selbst zu verbinden und zu sehen, ob er immer noch im Kontakt damit ist. Alan Watts, ein anderer alter Freund und Mentor, der an unseren ersten Projekten an der Harvard-Universität teilnahm und uns beriet, scherzte oft: „Wenn du die (kosmische) Botschaft erhältst, leg den Telefonhörer auf." Ich weiß nicht, ob er vielleicht dachte, dass man von ihm solche vorsichtigen Aussagen als Sprecher der *Counterculture* erwartete.

Diejenigen, die sich entscheiden, Heilungszeremonien für andere durchzuführen oder die sich in der Ausbildung dafür befinden, werden ihre individuellen Lebensverläufe und familiären Sicherheitsbedürfnisse bedenken müssen, die durch eine komplexe Mischung aus institutionellen und professionellen Bedingungen bestimmt werden, ebenso wie den sich entwickelnden soziopolitischen Kontext der „aktuell existierenden" Nation, in der sie leben. Diejenigen Heiler, Forscher, Künstler und Wissenschaftler, die am Gebrauch dieser Medien interessiert sind, und diejenigen, die sich entschieden haben, Fürsprecher der Integration dieser Mittel in die moderne Gesellschaft zu sein, werden sich der umfassenden, aber ignoranten Prohibitions-Mentalität und dem Polizeistaats-Kontext von „Drogen" stellen müssen.

Vor einigen Jahren nahm ich an einer der großen internationalen Konferenzen mit Forschenden und Studierenden in diesem Bereich teil; sie fand in der Schweiz statt, in Basel, dem traditionellen Zentrum der mittelalterlichen Alchemie. In dem gemischten Programm aus Wissenschaftlern, Ärzten, Künstlern, Philosophen und Journalisten – von denen die meisten (oder gar alle?) Erfahrungen mit diesen neuen und doch uralten Substanzen gemacht hatten und deren vielfältige Eigenschaften und Vorzüge diskutierten – gab es eine dramatische Audio-Präsentation von einem Referenten, der bedauerlicherweise nicht persönlich anwesend sein konnte. Es war eine Aufnahme, der Appell eines jungen Amerikaners ohne jeden kriminellen Hintergrund, der in England wegen des Besitzes von LSD und Haschisch eingesperrt worden war und im Gefängnis sass. Es gab während seinem Prozess keine Beweise oder Zeugen dafür, dass durch seine Aktivitäten irgend jemand zu Schaden gekommen wäre. In seiner Verteidigungsrede gab er als Motiv an, dass er mit der Herstellung und Verbreitung des Sakraments einen Beitrag zur gesellschaftlichen Verbesserung habe leisten wollen. Dafür musste er eine Haftstrafe von 20 Jahren verbüßen und hatte bereits ein Berufungsverfahren verloren. Einige tausend Konferenzteilnehmer lauschten dieser Tonbandaufnahme in respektvoller Stille. Durch seinen Appell stellte sich jedem einzelnen Zuhörer die Frage: Was bedeutet es, dass der Hersteller und Verteiler einer Substanz, die eine heilende Arznei und/oder eine Hilfe zu tieferem Wissen für viele Hunderte oder vielleicht Tausende Menschen gewesen ist, nun im Gefängnis seine Zeit absitzen muss? Was für eine Art Gesellschaft sind wir, in der so etwas möglich ist?

Literatur- und Quellenverzeichnis

Adamson, Sophia (aka Ralph Metzner) & Padma Catell, Editors (2012): *Through the Gateway of the Heart (2nd revised edition)*. Petaluma, CA: Solarium Press.

Brown, David Jay (2013): *The New Science of Psychedelics*. Rochester, VT: Park Street Press.

Callaway, J.C. *Phytochemistry and Neuropharmacology of Ayahuasca*. In: Metzner, Ralph, Editor (2014): Ayahuasca – Sacred Vine of Spirits. Rochester, VT: Park Street Press. (2nd edition)

Campbell, Don G. (1989): *The Roar of Silence. Healing Powers of Breath, Tone and Music*. Wheaton, Ill: Theosophical Publishing House.

Carhart-Harris, R.L., David Nutt & al. (2012): *Neural correlates of the psychedelic state as determined by fMRI studies with psilocybin*. Proceedings of the National Academy of Sciences, doi/10.1073/pnas.119598109.

Dass, Ram & Metzner, Ralph, with Bravo, Gary (2010): *Birth of a Psychedelic Culture*. Santa Fe, NM: Synergetic Press. – Deutsche Ausgabe im Nachtschatten Verlag in Vorbereitung.

Foster, Steven & Little, Meredith (1989). *The Roaring of the Sacred River. The Wilderness Quest for Vision and Self-Healing*. NY: Prentice Hall Press.

Goldman, Jonathan (1998). *Shifting Frequencies*. Flagstaff, AZ: Light Technology Publishing.

Griffiths, Roland R., et al. (2006): *Psilocybin can occasion mystical-type experiences having substantial and sustained personal meaning and spiritual significance*. Psychopharmacology. Vol. 187 (3): 268–283.

Grob, Charles S., et al. (2011): *A Pilot Study of Psilocybin Treatment for Anxiety in Patients with Advanced-Stage Cancer*. Arch Gen Psychiatry. Vol. 68(1): 71–78.

Grof, Stanislav & Grof, Christina (2010): *Holotropic Breathwork. A new approach to self-exploration and therapy*. Albany, NY: State University of New York Press. – Deutsch: *Holotropes Atmen*. Solothurn: Nachtschatten Verlag, 2014.

Grof, Christina & Grof, Stanislav (1990): *The Stormy Search for Self. A guide to personal growth through transformational crisis*. Los Angeles, CA: Jeremy P. Tarcher. – Deutsch: *Die stürmische Suche nach dem Selbst. Praktische Hilfe für spirituelle Krisen*. München: Kösel, 1991.

Harner, Michael (2013): *Cave and Cosmos. Encounters with Another Reality*. Berkeley, CA: North Atlantic Books. – Deutsch: *Höhle und Kosmos. Schamanische Begegnungen mit der verborgenen Wirklichkeit*. München: Ansata, 2013.

Heaven, Ross (2013): *Shamanic Quest for the Spirit of Salvia*. Rochester, VT: Park Street Press.

Huxley, Aldous (1954): *The Doors of Perception*. New York: Harper. – Deutsch: *Die Pforten der Wahrnehmung*. München: Piper, 1954; Neuausgabe 1964.

Lee, Martin (2012): *Smoke Signals – A Social History of Marijuana – Medical, Recreational and Scientific*. New York: Scribner.

Luna, Luis Eduardo (1986): *Vegetalismo – Shamanism Among the Mestizo Population of the Peruvian Amazon*. Stockholm: Almqvist & Wiksell International.

Metzner, Ralph (1999): *Green Psychology*. With Foreword by Theodore Roszak and Epilogue by John Seed. Rochester, VT: Park Street Press.

Metzner, Ralph (2008): *A Case of Ayahuasca Sorcery and Healing.* In: *Shaman's Drum,* No. 77, pp. 42–46.

Metzner, Ralph (2009): *MindSpace and TimeStream.* Berkeley, CA: Green Earth Foundation & Regent Press. – Deutsch: *Raum des Geistes – Strom der Zeit.* Solothurn: Nachtschatten Verlag, 2012.

Metzner, Ralph (2012): *The Toad and the Jaguar.* Berkeley, CA: Green Earth Foundation & Regent Press. – Deutsch: *Die Kröte und der Jaguar.* Solothurn: Nachtschatten Verlag, 2016.

Metzner, Ralph (2013): *Worlds Within and Worlds Beyond.* Berkeley, CA: Green Earth Foundation & Regent Press. Deutsch: *Welten des Bewusstseins – Welten der Wirklichkeit.* Solothurn: Nachtschatten Verlag, 2015.

Metzner, Ralph & Leary, Timothy (1963): *Hermann Hesse: Poet of the Interior Journey.* Psychedelic Review, Issue #2, 167–182.

Metzner, Ralph, Editor (2014): *Ayahuasca – Sacred Vine of Spirits.* Rochester, VT: Park Street Press. *(2nd edition).*

Metzner, Ralph, Editor (2005). *Sacred Mushroom of Visions – Teonanácatl.* Rochester, VT: Park Street Press.

Nakkach, Silvia (2012): *Free Your Voice. Awaken to Life Through Singing.* Boulder, CO: Sounds True.

Naranjo, Claudio (1973): *The Healing Journey.* New York: Pantheon Books – Random House. – Deutsch: *Die Reise zum Ich: Psychotherapie mit heilenden Drogen.* Frankfurt a.M.: Fischer, 1987.

Oroc, James (2011): *Psychedelics and Extreme Sports.* In: *Manifesting Minds.* Edited by Rick Doblin and Brad Burge (MAPS). Berkeley, CA: Evolver Editions 2014.

Oss, O.T. & Oeric, O.N. (1976): *Psilocybin – Magic Mushroom Grower's Guide.* Berkeley, CA: AND/OR Press.

Ott, Jonathan (1994): *Ayahuasca Analogues.* Natural Products Co., Kennewick, WA.

Ott, Jonathan (1993): *Pharmacotheon.* Natural Products Co., Kennewick, WA.

Pahnke, W.N. and Richards, W.A. (1969): *Implications of LSD and Experimental Mysticism.* J. Transpersonal Psychology. Vol. I. No. 2, 69–102.

Passie, Torsten, et. al . (2005): *Ecstasy (MDMA) mimics the post-orgasmic state: Impairment of sexual drive and function due to acute MDMA-effects may be due to increased prolactin secretion.* Medical Hypotheses, Vol. 64, 899–903.

Pendell, Dale (1995): *Pharmako/Poeia.* San Francisco, CA: Mercury House.

Pendell, Dale (2002): *Pharmako/Dynamis.* San Francisco, CA: Mercury House.

Pendell, Dale (2005): *Pharmako/Gnosis.* San Francisco, CA: Mercury House.

Penner, James, Editor (2014). *Timothy Leary – The Harvard Years.* Early Writings on LSD and Psilocybin with Richard Alpert, Huston Smith, Ralph Metzner and others. Rochester, VT: Park Street Press.

Potter, Beverly and Joy, Dan (1998). *The Healing Magic of Cannabis.* Berkeley, CA: Ronin Publishing.

Presti, David E. and Nichols, David E.: *Biochemistry and Neuropharmacology of Psilocybin Mushrooms.* In: Metzner, Ralph, Editor (2005): *Sacred Mushroom of Visions –Teonanácatl.* Rochester, VT: Park Street Press.

Richards, W., Rhead, J., DiLeo, F., Yensen, R. and Kurland, A. (1977): *The peak experience variable in DPT-assisted psychotherapy with cancer patients.* Journal of Psychedelic Drugs, Vol. 9 (1), 1–10.

Roberts, Elizabeth & Amidon, Elias, Editors (1991): *Earth Prayers from Around the World.* San Francisco, CA: Harper.

Seed, John & Macy, Joanna, and others (1988): *Thinking Like a Mountain: Toward a Council of All Beings.* Santa Cruz, CA: New Society Publishers. – Deutsch: *Denken wie ein Berg. Ganzheitliche Ökologie: Die Konferenz des Lebens.* Freiburg: Hermann Bauer (1989)

Shulgin, Alexander & Shulgin, Ann (1991): *PIHKAL – A Chemical Love Story.* Berkeley, CA: Transform Press.

Shulgin, Alexander & Shulgin, Ann (1997): *TIHKAL – The Continuation.* Berkeley, CA: Transform Press.

Siebert, Daniel: *Divine Sage* (a comprehensive guide to salvia divinorum, work in progress) www.sagewisdom.org

Stamets, Paul (1996): *Psilocybin Mushrooms of the World.* Berkeley, CA: Ten Speed Press. – Deutsch: *Psilocybinpilze der Welt.* Aarau: AT Verlag, 2009.

Stolaroff, Myron (1997): *The Secret Chief.* Charlotte, NC: MAPS Publications.

Strassman, Rick (2000). DMT: *The Spirit Molecule.* Rochester, VT: Park StreetPress. – Deutsch: *DMT – Das Molekül des Bewusstseins.* Aarau: AT Verlag, 2004.

Tart, Charles (1991): *Influence of Previous Psychedelic Drug Experiences on Students of Tibetan Mysticism: A Preliminary Observation.* Journal ofTranspersonal Psychology , Vol. 23, No. 2, 139–176.

Trachsel, Daniel (2011): *Psychedelische Chemie.* Solothurn: Nachtschatten Verlag.

Trout, K & Friends (2005): *Trout's Notes on San Pedro & Related Trichocereus Species.* Mydriatic Productions.

Yatra da Silveira Barbosa (1998): *Jurema Ritual in Northern Brazil.* MAPS Newsletter, Vol. 8, No. 3.

Zimmerman, Jack & Coyle, Virginia (1996): *The Way of Council.* Las Vegas, NV: Bramble Books. – Deutsch: *Der große Rat.* Freiburg: Arbor, 2010.

Ralph Metzner
im Nachtschatten Verlag

Die Erweiterung des Bewusstseins
Alchemistische Transformation des Individuums und der Gesellschaft

Essay I: Albert Hofmann, LSD und die Suche nach dem alchemistischen Stein der Weisen Essay II: Erweiterungen des Kollektiven Bewusstseins seit dem Ende des Zweiten Weltkrieges.

ISBN 978-3-03788-162-0, 80 Seiten, 14 x 21 cm, Broschur

Alchemistische Divination
Heilung und Führung durch den Zugang zur spirituellen Intelligenz

In diesem Buch geht es darum, Individuen dabei zu helfen, Problemlö-sunge und Inspiration für die Zukunft zu finden - auf zwischenmensch-licher, beruflcher, kreativer und spiritueller Ebene.

ISBN 978-3-03788-196-5, 152 Seiten, 14 x 21 cm, Broschur

Die Wurzeln von Krieg und Herrschaft

Herrschaftliches Verhalten, der Gebrauch von Gewalt zur Kontrolle ande-rer, destabilisiert und zerstört Familien, Gruppen und Gemeinschaften. Auf internationaler Ebene bedeutet aggressive Herrschaft Krieg und den Zusammenbruch der zivilen Ordnung. Interessante Betrachtungen der Wurzeln dieses Übels.

ISBN 978-3-03788-180-4, 100 Seiten, 14 x 21 cm, Broschur

Der Lebenszyklus der Menschenseele
Inkarnation - Empfängnis - Geburt - Tod - Jenseits - Reinkarnation

In diesem Buch behandelt Ralph Metzner die Erfahrungen der Geburt und des pränatalen Lebens, die unbewussten psychischen Prägungen der Empfängnis, die Entscheidung der Seele für eine menschliche Wiedergeburt und die Verbindung mit den familiären Vorfahren.

ISBN 978-3-03788-267-2, 145 Seiten, 14 x 21 cm, Broschur

Raum des Geistes - Strom der Zeit
Wie man seine Bewusstseinszustände verstehen und navigieren kann

Dieses Buch zeigt Grundlegendes aus Ralph Metzners fast 50jähriger Tätigkeit in Forschung, Psychotherapie, schamanistischer und yogischer Praxis, sowie seiner Lehrtätigkeit über die Bedeutung der sich verändernden Bewusstseinszustände für die psychische Gesundheit und das spirituelle Wachstum.

ISBN 978-3-03788-202-3, 168 Seiten, 14 x 21 cm, Broschur

Die sechs Lebenswege
Heiler/Friedensstifter,Forscher/Wissenschaftler,Krieger/ Beschützer,Künstler/Musiker, Lehrer/Historiker, Erbauer/ Organisator

Als menschliche Seele inkarniert sich jeder von uns mit einem bestimmten Ziel, einer Intention oder Vision für dieses Leben. Die Seele wählt einen oder mehrere der sechs wichtigsten archetypischen Lebenswege in der Gesellschaft aus.

ISBN 978-3-03788-282-5, 150 Seiten, 14 x 21 cm, Broschur

Ralph Metzner
im Nachtschatten Verlag

Welten des Bewusstseins - Welten der Wirklichkeit

Dieses Buch beschreibt zwei multidimensionale Paradigmen, die bei entheogenen und meditativen Forschungs- und Heilreisen zum Einsatz kommen: das Lebensrad aus dem tibetanischen Buddhismus und den Weltenbaum.

ISBN 978-3-03788-336-5, 146 Seiten, 14 x 21 cm, Broschur

Die Essenz langjähriger Forschung
Alle sieben Bände der Reihe im schönen und praktischen Schuber

Ökologie des Bewusstseins

Die Buchreihe „Ökologie des Bewusstseins" stellt die Essenz der langjährigen Erforschung des Bewusstseins und der psychedelischen Arbeit von Ralph Metzner dar und wird zusammen mit der Green Earth Foundation herausgegeben.

ISBN 978-3-03788-339-6, 941 Seiten, Format 14x21 cm, 7 Bücher im Schuber

Die Kröte und der Jaguar
Erfahrungsberichte zur Erforschung einer visionären Medizin
Bufo alvarius und 5-MeO-DMT

Dieses Buch liefert Erkenntnisse aus über dreißig Jahren Erfahrungen und Beobachtungen mit dieser Substanz bei verschiedenen Benutzergruppen und Individuen in den USA und in Europa.

ISBN 978-3-03788-341-9, 96 Seiten, Format 14x21 cm, Broschur

NACHTSCHATTEN VERLAG

Kronengasse 11 | CH-4500 Solothurn | Telefon 0041 32 621 89 49 | Telefax 0041 32 621 89 47
info@nachtschatten.ch | www.nachtschattenverlag.ch